The Blue Book on the Development of Raw
Material Industry in China (2017-2018)

2017-2018年
中国原材料工业发展
蓝皮书

中国电子信息产业发展研究院　编著

主　编／刘文强

副主编／肖劲松

人民出版社

责任编辑：邵永忠
封面设计：黄桂月
责任校对：吕　飞

图书在版编目（CIP）数据

2017-2018 年中国原材料工业发展蓝皮书／中国电子信息产业发展研究院
　编著；刘文强 主编．—北京：人民出版社，2018.9
ISBN 978-7-01-019787-6

Ⅰ.①2… Ⅱ.①中… ②刘… Ⅲ.①原材料工业—工业发展—研究报告—中
国—2017-2018 Ⅳ.①F426.1

中国版本图书馆 CIP 数据核字（2018）第 213503 号

2017-2018 年中国原材料工业发展蓝皮书

2017-2018 NIAN ZHONGGUO YUANCAILIAO GONGYE FAZHAN LANPISHU

中国电子信息产业发展研究院 编著

刘文强 主编

人 民 出 版 社 出版发行
（100706　北京市东城区隆福寺街 99 号）

北京市燕鑫印刷有限公司印刷　新华书店经销

2018 年 9 月第 1 版　2018 年 9 月北京第 1 次印刷
开本：710 毫米×1000 毫米 1/16　印张：16.5
字数：270 千字　印数：0,001—2,000

ISBN 978-7-01-019787-6　定价：70.00 元

邮购地址　100706　北京市东城区隆福寺街 99 号
人民东方图书销售中心　电话（010）65250042　65289539

前　言

原材料是工业的基础性先导产业，是制造业的条件、支撑和保障。原材料工业是国民经济的基础和支柱产业，具有产业规模大、关联度高、带动作用强、资源能源密集等特点。原材料工业的发展水平和质量，直接影响和决定着国家工业化与制造业的发展水平、质量和经济安全。美国、日本、欧盟等发达国家和地区都高度重视原材料的战略保障与安全。

2017 年，面对复杂多变的国际国内形势、行业深层次矛盾日益凸显的严峻形势，我国原材料工业系统攻坚克难，开拓创新，着力化解产能过剩矛盾，大力推进结构优化升级，实现了行业平稳增长、主要产品价格稳中趋涨、行业效益明显好转。据统计，2017 年全国原材料工业增加值同比增长 2.4%，石化化工、钢铁、有色、建材行业的利润同比都有较大幅度的增长，较好完成了年初预定的目标任务，各项重点工作取得明显成效。

（一）深入推进化解过剩产能，成效显著。钢铁行业：根据国务院要求，工信部联合有关部门分解落实 2017 年钢铁去产能任务，印发《关于做好 2017 年钢铁煤炭行业化解过剩产能实现脱困发展工作的意见》等文件，已超额完成政府工作报告所确定的年度目标任务。中国钢铁协会制定出台《关于支持打击"地条钢"、界定工频和中频感应炉使用范围的意见》，明确"地条钢"的界定标准和范围。积极采取有效措施，集中力量，全面出清 1.4 亿吨"地条钢"，扭转了钢铁行业"劣币驱逐良币"的局面。有色行业：会同相关部门出台《清理整顿电解铝违法违规项目专项行动工作方案》，赴 10 省区进行专项抽查，关停违法违规新增电解铝产能近 900 万吨。印发关于企业集团内部电解铝产能跨省置换工作的通知，解决电解铝产能跨省置换难题。建材行业：会同相关部门组织开展水泥玻璃淘汰落后产能专项督查，通报查处暴露出的突出问题并督促整改。落实京津冀及周边地区大气污染防治工作方案，部署"2 +26"城市秋冬季水泥、钢铁、电解铝、焦炭等行业错峰生产工作。

（二）加快推进新材料的应用示范，全面落实"折子工程"。在国家新材料产业发展领导小组的统一领导下，围绕顶层设计，统筹各方资源，推进重点工作，初步形成了新材料产业协同推进机制。国家新材料产业发展专家咨询委员会主持编制了重点产品、重点企业和重点地区三个目录，为新材料产业发展提供决策支撑。推动实施"重点新材料研发及应用"重大项目。国家新材料生产应用示范平台、测试评价平台建设方案经领导小组审议通过，并通过招标落实了实施单位。启动核能材料、航空发动机材料、航空材料生产应用示范平台，新材料测试评价平台主中心、行业中心建设。开展了国家石墨烯、稀土功能材料等制造业创新中心筹备工作，支持北京、江苏、宁波、深圳等地率先建设省级石墨烯制造业创新中心。联合财政部、保监会启动了重点新材料首批次应用保险补偿机制试点，发布指导目录，并组织了申报、评审工作。工信部会同相关部门开展新材料专业人才培训，不断加大人才培养力度。举办绿色建材成果展、汽车轻量化新材料展，及时宣传产业发展成果，搭建产业链上下游交流合作平台。推动民机铝材上下游合作机制年度重点工作任务，实现铝合金重点牌号生产应用。成立石墨烯防腐涂料推进工作组、石墨烯改性纤维和应用开发产业发展联盟。

（三）切实加强引导监管，不断提升行业发展水平。出台了《国务院办公厅关于推进城镇人口密集区危险化学品生产企业搬迁改造的指导意见》，并组织召开电视电话会议进行了动员部署。编制推进京津冀化工生产企业转移退出行动方案。联合国家发展改革委修订上报石化产业布局方案、编制发布现代煤化工产业创新发展布局方案。强化标准体系建设，完成国家强制性标准整合和推荐性行业标准及计划集中复审，全年共立项行业标准计划项目719项，申请国际标准补助项目70项，报批标准442项。制修订肥料分级、通用硅酸盐水泥等国家强制标准。制修订滑石、MDI、铬化合物等行业规范条件。发布《建材行业规范公告管理办法》，鼓励企业开展自我声明。加强钢铁行业规范动态管理，撤销29家企业钢铁规范公告资格，责令40家企业限期整改。组建稀土秩序整顿专家组，构建秩序整顿常态化机制。利用专项建设基金，完成18个危化品搬迁改造项目，总投资141亿元。遴选茂名石化智能工厂等16个智能制造试点示范项目。推动建立危化品监管信息共享平台，建立轮胎行业智能制造标准化产业联盟。加强行业运行监测分析，定期召开运行分析座谈会,研判行业运行形势。积极开展国际合作交流,组织中欧第六次原材料工作组会议和中俄总理定期会晤工业合作分委会原材料工作组会议,深化与欧盟和俄罗斯在原材料领域的务实合作。

展望 2018 年,原材料工业面临的国内国际形势依然复杂严峻,中美之间的贸易摩擦不断加剧,原材料工业仍然面临着化解过剩产能和严控新增产能、资源环境约束加大、技术创新水平不高等诸多突出问题。同时,2018 年是深入贯彻落实党的十九大精神,推动原材料工业高质量发展的关键年。原材料工业全面贯彻落实党的十九大精神,以习近平新时代中国特色社会主义思想为指导,按照中央经济工作会议和全国工业和信息化工作会议部署,紧紧围绕建设材料强国目标,以提高发展质量和效益为中心,着力化解过剩产能,调整优化产业结构,改造提升传统产业,创新行业管理思路,培育壮大新材料产业,积极推进原材料工业质量变革、效率变革、动力变革,加快培育壮大新动能,改造提升传统动能,促进原材料工业向先进制造业迈进,为建设制造强国和网络强国提供坚强支撑保障。

一是强化结构调整,推进原材料工业的质量、效益和动力的变革。

继续压减过剩产能。一方面要严禁新增产能。各地不得以任何名义、任何方式新增钢铁、水泥、平板玻璃、电解铝项目,对于确需新建的项目,必须落实好产能等量、减量置换,坚决杜绝"名减实增""批小建大"等现象,对于违规者,必须严肃处理和问责。另一方面,要把握好去产能的工作重点,钢铁行业要把打击"地条钢"、促进"僵尸企业"退出、加强不符合钢铁规范条件的企业审查作为重点;建材行业要推进水泥熟料错峰生产常态化区域试点为重点;电解铝行业要以组织开展违规违法产能清理为重点。同时,还要加强督促检查和善后问题处理。做好去产能目标任务的分解落实,强化工作进度的监督检查。加强对去产能中的跨区域兼并重组、债务处置、人员安置和社会稳定等问题的研究和总结。

二是改造提升传统产业,推进原材料工业向先进制造业迈进。

深入实施工业互联网创新发展战略,积极发展绿色低碳的生态产品、技术,不断提升原材料工业的智能化、绿色化发展水平。这就要求,一是要大力发展智能制造。继续开展原材料工业智能制造试点示范,支持智能制造的标准化和新模式应用项目建设等,加快制造业与服务业的融合发展。在传统原材料行业大力推进"机器代人"。二是提升行业的绿色发展水平。从工艺、技术、产品等多方面促进资源综合利用和节能减排。

三是培育壮大新材料产业，推动重点领域率先突破。

我国原材料工业"大而不强"，培育发展新材料是提升原材料工业发展水平的必由之路，是落实创新驱动发展战略和高质量发展战略的具体举措，更是实现由"制造业大国"向"制造业强国"的转变，提升材料对重大工程、国计民生和产业自主可控性的支撑保障能力的重要途径。这就要求一是完善顶层设计。组织编制和实施 2018 年新材料折子工程，加强事前沟通、事中协调、事后督查，促进部门工作衔接配合，凝练领导小组年度重点支持品种，集中力量协调解决重点问题。组织专家咨询委编制发布重点产品、重点企业、重点集聚区目录指南，力争突破一批关键新材料。会同黑龙江省政府举办第五届中国国际新材料博览会。二是完善支持政策。制定促进新材料产业推广应用的若干政策。加快设立中国制造 2025 产业发展基金，广泛调动社会力量加大对新材料产业的资金支持。实施好新材料首批次保险补偿政策，提高政策效果。继续做好新材料生产应用示范平台、测试评价平台建设，制定新材料资源共享平台建设方案并启动实施。三是强化分业施策。发布化工新材料补短板工程实施方案。制定民机铝材上下游合作机制 2018 年度重点工作任务进度计划，推动生产研制和应用考核，适时举办首批铝材装机许可授予仪式。建立汽车轻量化材料上下游合作机制，扩大铝材在新能源汽车、特种车辆、运输车辆等领域的应用，组建汽车轻量化非金属材料产业联盟。积极推进石墨烯等国家制造业创新中心组建和石墨烯行业协会筹建，继续开展"石墨烯+"行动。

四是强化放管服理念，营造产业发展良好环境。

第一，加强标准和法规工作。把标准作为推进产业转型升级、规范行业秩序的重要手段。完善强制性标准体系，推动制定单位水泥熟料污染物排放限额标准和装饰装修材料有害物质限量标准，推进螺纹钢国家标准修订工作，倒逼产业转型升级。坚持依法行政，推动《稀有金属管理条例》尽快出台，研究制定《化学品分类和危险性公示管理规定》。第二，完善行业监管和规范管理。加强已公告规范企业的年度审核，全面实行"有进有出"的动态管理。逐步建立企业自我声明，政府加强事中事后监管的规范管理办法，选择有条件的行业试行。加强部门间信息共享，与环保核查、安全监察等工作形成合力，不断完善稀土监管常态化工作机制。第三，强化行业指导和政策实施评估。开展行业规划和重要政策实施情况的评估工作。推动发布石化产业布局规划方案，印发《建材工业鼓励推广应用的技术和产品目录（2018—2020年）》。落实《国务院办公厅关于推进城镇人口密集区危险化学品生产企业搬迁改造的指导意见》，明确任务分工和完成期限，确保中小型企业和存在重大风险隐患的大型企业 2018 年底前全部启动搬迁改造。加快原材料行业开放发展，积极推动钢铁、有色、石化、建材等领域国际产能对接合作①。

赛迪智库原材料工业研究所从综合、行业、区域、园区、企业、政策、热点、展望八个角度，密切跟踪了 2017 年我国原材料工业的重点、难点和热点，并对 2018 年发展趋势进行了预测分析；在此基础上组织编撰了《2017—2018 年中国原材料工业发展蓝皮书》，全书遵循了赛迪智库原材料工业发展蓝皮书的一贯体例，共八篇二十九章。

综合篇。介绍 2017 年全球及中国原材料工业发展概况。

行业篇。在分别分析了 2017 年石化、钢铁、有色、建材、稀土五大行业的运行情况的基础上，结合国家战略和国内外宏观经济发展形势，对 2018 年各行业的走势进行了判断，并指出行业发展中需要关注的重点。

区域篇。着重介绍了 2017 年东、中、西部三大区域的原材料工业发展状况，指出三大区域原材料工业发展的差异、特点及存在的问题。

园区篇。介绍了石化、钢铁、有色、建材、稀土行业的重点园区发展情况，归纳了园区发展取得的经验。

企业篇。从企业概况、经营情况、经营战略等方面对原材料行业代表性企业进行了分析。

政策篇。着重从宏观调控政策、需完善配套政策角度分析原材料工业的政策环境，并对与原材料工业发展密切相关的重点综合性政策、行业政策进行了不同维度的解析。

热点篇。归纳整理了 2017 年原材料行业发生的重大事件，如山东炼化集团创立、地条钢产能出清、铝产品国际贸易摩擦加剧、工信部绿色建材产业

---

① 全国原材料高质量会议材料。

发展成果展、新能源汽车驱动电机用稀土永磁材料上下游合作机制成立等热点事件，分析其对原材料工业的影响。

展望篇。分析了 2017 年原材料工业的运行环境，预测了 2018 年原材料工业总体发展形势，并进一步对原材料工业的细分行业发展形势进行了展望。

原材料工业门类众多，问题复杂，加之时间有限，书中难免有不妥之处，敬请行业专家、主管部门及读者提出宝贵意见。

赛迪智库原材料工业研究所

目　　录

区　域　篇

园　区　篇

企　业　篇

展　望　篇

综合篇

第一章　2017 年全球原材料工业发展状况

第一节　石化化工行业

一、市场供给

2017 年全球经济摆脱了低迷状态，原油价格稳定上涨。一年来，全球化学品产量增速提高，同比增长 2.7%，较 2016 增速增加 0.5 个百分点。全球炼油能力增长缓慢，仅亚太炼油能力有所增长，中东、北美、南美和西欧均有所下降。

据美国化工理事会统计，尽管 2017 年飓风造成大量停工，2017 年美国化学品产量仍增长 0.8%。欧洲化工理事会统计欧盟化学品产量在 2017 年增长 3%。德国化学工业协会的数据显示，德国化学品产量增长了 2.5%。

二、价格行情

2017 年，国际油价稳中有增，大庆、布伦特、WTI 原油价格分别由年初的 50.04 美元/桶、54.67 美元/桶和 52.38 美元/桶上涨到年底的 57.29 美元/桶、64.06 美元/桶和 57.95 美元/桶。受原油价格上涨及供需关系影响，主要化工产品价格震荡上行，部分产品波动较大。以苯乙烯为例，其 FOB 美国海湾现货中间价由年初的约 1200 美元/吨上涨到 3 月初的超过 1700 美元/吨，至 5 月又回落到 1000 美元/吨以下，后震荡上涨到 12 月的近 1300 美元/吨。

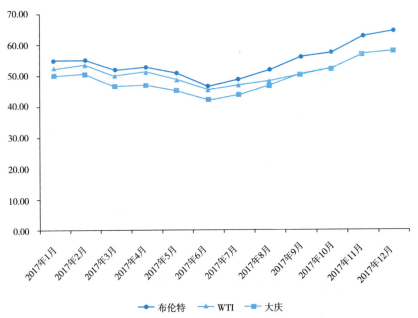

图 1－1　2017 年国际油价走势（单位：美元/桶）

资料来源：Wind 资讯，2018 年 2 月。

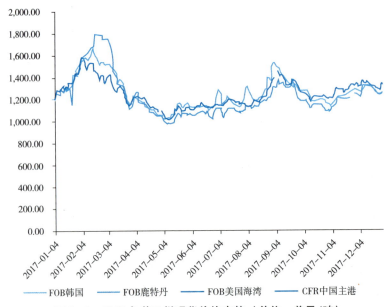

图 1－2　2017 年苯乙烯现货价格走势（单位：美元/吨）

资料来源：Wind 资讯，2018 年 2 月。

第二节 钢铁行业

一、市场供给

2017 年 1—11 月，全球粗钢产量略有下降，纳入统计的 66 个国家粗钢产量为 15.4 亿吨，同比增长 4.2%，扣除中国后，全球粗钢产量 7.7 亿吨，同比增长 5.1%。

表 1-1　2017 年 1—11 月全球各地区粗钢产量　　（万吨，%）

地区	2017 年 1—11 月	2016 年 1—11 月	同比
欧盟	15491.6	14914.1	3.9
其他欧洲国家	3695.1	3282.1	12.6
独联体	9382.8	9341.9	0.4
北美	10638.2	10158.0	4.7
南美	4005.5	3711.4	7.9
非洲	1235.9	1066.6	15.9
中东	2968.2	2651.9	11.9
亚洲	105638.5	101820.4	3.7
大洋洲	545.3	532.4	2.4
全球（扣除中国大陆）	77120.8	73364.1	5.1
全球	153601.1	147478.8	4.2

资料来源：世界钢铁协会，2018 年 1 月。

从各地区粗钢产量来看，2017 年 1—11 月，亚洲粗钢累计产量 105638.5 万吨，同比增长 3.7%，占全球粗钢产量的 68.8%；欧盟（28）粗钢累计产量 15491.6 万吨，同比增长 3.9%，占全球粗钢产量的 10.1%；北美地区粗钢累计产量 10638.2 万吨，同比增长 4.7%，占全球粗钢产量的 6.9%；南美地区粗钢累计产量 4005.5 万吨，同比增长 7.9%，占全球粗钢产量的 2.6%；非洲地区粗钢累计产量 1235.9 万吨，同比增长 15.9%，占全球粗钢产量的 0.8%；中东地区粗钢累计产量 2968.2 万吨，同比增长 11.9%，占全球粗钢产量的1.9%；独联体粗钢累计产量9382.8万吨，同比增长0.4%，占全球粗钢产量的6.1%。

从2017年1—11月粗钢主要生产国家来看，粗钢产量排在前5位的分别是中国、日本、印度、美国和俄罗斯，其中中国粗钢产量占全球粗钢产量的49.8%。

表1-2　2017年1—11月粗钢产量前20位国家和地区

（单位：万吨，%）

排名	国家或地区	产量	占全球粗钢产量的比重
1	中国	76480.2	49.8
2	日本	9594.1	6.2
3	印度	9247.3	6.0
4	美国	7494.9	4.9
5	俄罗斯	6645.3	4.3
6	韩国	6447.8	4.2
7	德国	3996.1	2.6
8	土耳其	3416.3	2.2
9	巴西	3154.2	2.1
10	意大利	2225.9	1.4
11	中国台湾	2128.3	1.4
12	乌克兰	1989.8	1.3
13	伊朗	1974.5	1.3
14	墨西哥	1825.7	1.2
15	法国	1429.2	0.9
16	西班牙	1310.5	0.9
17	加拿大	1261.8	0.8
18	波兰	946.6	0.6
19	越南	871.9	0.6
20	澳大利亚	745.8	0.5

资料来源：世界钢铁协会，2018年1月。

二、价格行情

从价格运行态势来看，2017年全球钢材价格整体呈现"N"字形态势。

从国际钢铁价格指数（CRU）看，钢材综合指数由 1 月初的 175.0 点上涨至 3 月中旬的 187.1 点，提高了 12.1 点，增幅 12.6%；随后价格开始出现小幅回调，到 6 月底国际钢材价格指数达到年内低点 172.2 点，较前期高点回调了 14.9 点，降幅 8.0%；此后，价格开始震荡上行，到 12 月中旬，价格达到年内高点 203.2 点，较年内低点上涨 18.0%，较年初上涨了 16.1%。同样，扁平材和长材也分别由年初低点震荡上行，至 3 月中旬出现阶段性高点，随后价格小幅下降，并在 7 月后进入新一轮价格上涨，并在 12 月中下旬出现年内高点，分别为 186.3 点和 246.7 点，分别较年内低点上涨了 14.2% 和 26.1%，较年初上涨了 10.3% 和 24.5%。

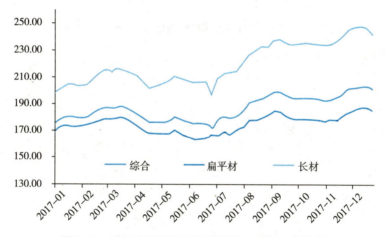

图 1－3　2017 年国际钢材价格指数（CRU）走势图

资料来源：Wind 资讯，2018 年 1 月。

分区域来看，亚洲、欧洲和北美的钢材市场价格走势不尽相同。2017 年亚洲市场钢材价格呈"N"型震荡上涨，价格由年初的 189.8 点上涨至 3 月初的 208.6 点，之后价格出现小幅回落，到 4 月下旬回落至 185.1 点，继而价格震荡上行，到 12 月中旬，价格涨至年内高点 244.6 点，较年内低点上涨了 32.1%，较年初上涨 28.9%。欧洲市场钢材价格呈现"两头高、中间低"态势，价格从 1 月初到 5 月中旬一直维持在 150—160 点之间震荡，5 月下旬以后，价格震荡下行，到 7 月初达到年内新低 142.6 点之后触底反弹，并在 9 月下旬达到年内高点 160.8 点，此后价格小幅震荡直至年底。北美市场价格总体呈现震荡态势，年内最高点出现在 9 月初，为 192.9 点，较年内最低点

176.3 点高 16.6 点。

图 1 - 4　2017 年各地区钢材价格指数（CRU）走势图

资料来源：Wind 资讯，2018 年 1 月。

第三节　有色金属行业

一、市场供需

（一）全球铜供应短缺增加

世界金属统计局（WBMS）数据显示，2017 年，全球铜市场供应短缺 21.3 万吨，而 2016 年全年短缺 10.2 万吨。截至 2017 年年底，显性库存较上年年末增加 0.15 万吨。从供给角度看，全球矿山铜产量 2019.0 万吨，较上年同期减少 36.0 万吨；精炼铜产量 2350.0 万吨，较上年同期增加 21 万吨，其中中国产量增加 45.3 万吨，智利产量减少 18.3 万吨。从消费角度看，全球铜消费量为 2373.0 万吨，较上年同期增加 32.8 万吨；中国消费达到 1192.3 万吨，同比增加 2.4%，消费量占全球总量超过 50%。欧盟 28 国消费量是 342.3 万吨，同比增长 2.0%。

智利是全球第一大矿山铜生产国，2017 年，累计生产矿山铜 550.0 万吨，较上年减少 5 万吨，同比减少 0.9%。因上半年 2—3 月份矿工罢工，智利铜矿产量自 2015 年以来连续两年产量下降。

表 1–3　2017 年智利矿山铜产量　　（单位：万吨）

时间	1 月	2 月	3 月	4 月	5 月	6 月	7 月	8 月	9 月	10 月	11 月	12 月
产量	44.8	37.1	37.3	42.0	46.6	44.3	46.8	49.6	47.5	51.2	50.6	53.7

资料来源：Wind 资讯，2018 年 1 月。

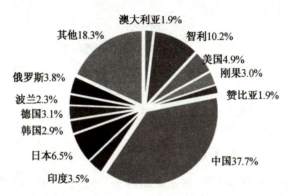

图 1–5　2017 年 1—10 月全球精炼铜产量

资料来源：Wind 资讯，2018 年 2 月。

（二）全球原铝供需缺口增大

世界金属统计局（WBMS）数据显示，2017 年，全球原铝市场供应短缺 141.4 万吨，较上年缺口增大 64.4 万吨。截至 12 月底，显性库存较上年年末减少 45.9 万吨，降至 230.2 万吨，约为全球 2 周的需求量。从供给角度看，全球原铝产量较上年同期增加 53.5 万吨，同比增长 1.0%。从需求角度看，全球原铝需求量较上年增加 117.9 万吨，达到 5986.0 万吨，同比增长 2.0%。

根据 IAI 的数据，2017 年 1—12 月，全球原铝产量为 6338.5 万吨，同比增加 5.8%。中国是最大的原铝生产国，产量为 3225.5 万吨，同比增加 1.9%，产量约占全球总产量的 50.9%，较上年降低 2 个百分点；海湾阿拉伯国家合作委员会是全球第二大铝生产地区，产量为 513.1 万吨，同比减少 1.3%；北美洲是全球第三大原铝生产地区，产量为 395.0 万吨，同比减少 1.9%。此外，除中国外亚洲其他地区原铝产量明显增加，较上年同期增加 50.9 万吨，同比增长 14.8%。

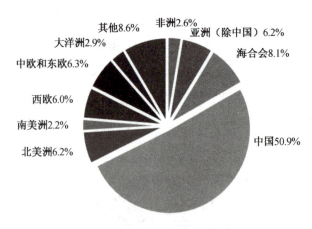

图1-6 2017年全球原铝产量

资料来源：Wind 资讯，2018 年 1 月。

（三）全球铅、锌供应缺口增大

铅：世界金属统计局数据显示，2017 年，全球铅市场供应短缺 43.4 万吨，而 2016 年全年短缺 15.4 万吨。截至 2017 年 12 月末，显性库存较上年年末降低 5.2 万吨。从供给角度看，全球精炼铅（原铅及再生铅）产量为 1116.9 万吨，同比增长 0.4%。其中中国铅表观需求量较上年同期增加 8.6 万吨，超过全球总消费量的 41%；美国铅表观需求量较上年同期增加 15.8 万吨。

锌：世界金属统计局数据显示，2017 年，全球锌市场供应短缺 71.0 万吨，而 2016 年全年短缺 20.2 万吨。截至 2017 年 12 月末，显性库存较上年年末降低 24.7 万吨。从供给角度看，全球精炼锌产量同比增长 0.2%。从需求角度看，全球精炼锌消费量较上年增加 54.1 万吨，同比增长 3.9%，其中中国精炼锌消费量为 696.4 万吨，同比增长 4.1%，占全球总消费量的比重 48% 以上；日本锌消费量为 54.0 万吨，同比增长 14.9%。

二、价格行情

铜：2017 年全球铜价格持续震荡上涨。1 月初 LME 铜现货结算价格为 5500.0 美元/吨，2 月中旬上涨到超过 6000.0 美元/吨后下跌至 5 月初全年最低价 5466.0 美元/吨，之后持续上涨至 9 月初的 6904.0 美元/吨，随后两次回调，至 12 月底达到全年最高价 7216.0 美元/吨。全年平均价为 6166.0 美元/吨，同比增长 26.8%。

铝：2017 年全球铝价格总体呈上涨态势。1 月 LME 铝现货结算价格为 1702.0 美元/吨，1 月下旬铝价突破 1800.0 美元/吨，至 7 月底铝价在 1900.0 美元/吨附近窄幅震荡，8 月下旬铝价突破 2000.0 美元/吨，至 10 月底铝价在 2100.0 美元/吨左右窄幅震荡，12 月中旬铝价回调至 1991.5 美元/吨后涨至全年最高价 2246.0 美元/吨。全年平均价为 1968.7 美元/吨，同比增长 22.7%。

铅：2017 年全球铅价格波动上涨。1 月 LME 铅现货结算价格为全年最低价 2007.0 美元/吨，2 月中旬铅价格突破 2400.0 美元/吨，之后震荡下降至 6 月中旬的 2036.0 美元/吨，随后大幅上涨至 10 月初的全年最高价 2585.5 美元/吨，至 12 月底，铅价格在 2400—2500 美元/吨小幅波动。全年平均价为 2317.5 美元/吨，同比增长 23.8%。

锌：2017 年全球锌价格震荡上行。1 月 LME 锌现货结算价格为 2552.5 美元/吨，2 月中旬锌价上涨到 2934.0 美元/吨，2—6 月锌价格波动下降至全年最低价 2434.5 美元/吨，之后价格震荡上涨至 10 月初全年最高价 3370.0 美元/吨，随后回调至上年底的 3309.0 美元/吨。全年平均价为 2895.9 美元/吨，同比增长 38.2%。

图 1 - 7　2017 年全球铜、铝、铅、锌价格走势（单位：美元/吨）

资料来源：Wind 资讯，2018 年 2 月。

第四节　建材行业

一、市场供给

2017年全球建材市场迎来一定范围的复苏，从水泥市场看，北美和欧洲市场复苏更加明显，此外由于水泥行业已经出现了全球性的过剩，因此兼并和收购也成为市场主流，水泥产量方面，中国仍是世界水泥产量第一大国，2017年总产量为23.2亿吨。

从市场复苏看，欧洲水泥市场表现亮眼，其中法国的水泥消费量在经历数年回落后，从2016年开始回升，其中法国水泥工业协会更是预计2017年法国水泥消费量将增长至1810万吨，新一轮的项目投资也开始进行，例如拉法基豪瑞就在Martres水泥厂新修建了一条熟料生产线。此外，欧洲市场的大型水泥生产企业海德堡水泥甚至将南欧市场描述为"近10年来最佳的市场表现"，包括德国和西班牙2017年以来的水泥市场表现都不错，销量都出现了小幅度上升。

从兼并重组看，2017年水泥行业出现了多起重大兼并与收购，印度的UltraTech水泥收购了Jiprakash Associates的巨量水泥资产，成为印度水泥行业的霸主；CRH收购美国Ash Grove水泥全部资产，使得集团在美国增加了8家综合水泥厂，并且在中西部地区还获得了一些混凝土搅拌站，骨料厂和物流资产；中国建材和中材国际合并，创造了世界上最大的水泥生产商；海德堡收购意大利的Cementir Italia，在意大利再次增加5座综合水泥厂和2家粉磨站，合计增加水泥产能550万吨/年。从全球发展趋势来看，大企业不断收购中小企业，行业集中度越来越高，有利于削减目前水泥行业产能过剩的现状。

2017年平板玻璃市场需求依然呈现分化态势，从产品看，一方面普通平板玻璃市场产能过剩，建筑市场需求走弱，另一方面，电子基板玻璃、光伏玻璃、太阳能玻璃等高附加值产品依然保持强劲的发展趋势。

从区域看，亚洲—环太平洋地区、中东非洲地区被认为是全球最具增长潜力的两大平板玻璃市场。中非贸易研究中心预计，中东和非洲地区平板玻璃产量到 2021 年将达到 3.83MMT，年均复合增长率为 3.61%，市场价值将达到 38.3 亿美元。非洲地区建筑业、汽车工业和太阳能产业的不断发展，推动了非洲平板玻璃市场需求的高速增长。但目前，非洲本土的平板玻璃制造能力极其有限，制造工艺难以满足市场需求，因此就供需而言，非洲是目前全球最具贸易潜力的平板玻璃市场。而从全球玻璃进出口市场来看，全球玻璃进口增长最快的三大国家均在非洲，分别是埃塞俄比亚、毛里塔利亚和塞内加尔。亚洲—环太平洋地区则以中国为主，虽然目前中国平板玻璃市场受过剩产能影响，但仍是全球最大的平板玻璃生产国和消费国。

二、价格行情

2017 年，全球建材行业随着大力化解过剩产能、加强环保监督检查、经济缓慢复苏等，产品价格延续 2016 年以来的上涨态势。以 5mm 厚度平板玻璃期货价格为例，2017 年初价格为 1262 元/吨，随后全年实现震荡上升的发展趋势，至 2017 年底价格已经上涨到 1691 元/吨，上涨幅度达 34%。

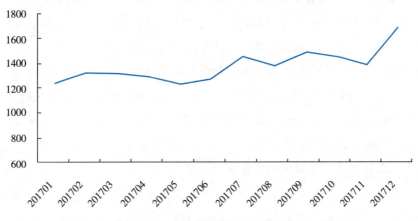

图 1-8　2017 年 5mm 玻璃期货价格走势（单位：元/吨）

资料来源：Wind 数据库，2018 年 1 月。

第五节　稀土行业

一、供需分析

（一）全球稀土资源开发呈现繁荣状态

随着近年来国际稀土市场供应偏紧，稀土价格不断走高，国外矿业公司纷纷加大了稀土资源勘查开发力度。全球除我国以外有 31 个稀土开发项目进入高级阶段，全球稀土资源勘查开发呈现一片繁荣景象。一方面，原有停产矿产积极筹措资金争取复产，如美国的 Mountain Pass；另一方面，一些原以其他矿产为主采矿产的矿山也转而将稀土作为主要矿产，从而制定勘查和开发计划，如格陵兰的 Kvanefjeld。价格上涨促进一些国家有意开发稀土项目。据悉，澳大利亚、俄罗斯、巴西、加拿大、布隆迪和坦桑尼亚都计划在 2027 年投产稀土，但最关键的问题是能够根据市场状况成功融资。

2017 年 9 月，商务资源公司（Commerce Resources）宣布启动 2017 年稀土项目，即开发位于魁北克北部的公司自有阿什拉姆矿项目。该项目建设内容包括矿山、选矿厂和湿法冶炼厂。该矿山地理位置优越、规模大、品位高，且稀土元素分布较为均衡，稀土氧化物含量在 45% 以上，回收率可达 75% 以上，市场灵活性高。此外，美国政府也表示，将与阿富汗合作开发稀土矿，阿富汗金、宝石、锂、稀土等矿产资源的潜在价值可能高达 1 万亿美元。阿富汗大部分稀土矿位于赫尔曼德省，该省大部分处在塔利班控制之下。目前美国与阿富汗尚未透露具体的商业开发方案。

加拿大 Mkango Resources 是中国以外为数不多的稀土生产商之一。该公司计划三年内开始非洲东南部马拉维 Songwe Hill 矿的开采活动，到 2021 年将年产 3000 吨稀土，包含 1000 吨镨、钕、镝和铽。贝利山资源公司（Pele Mountain Resources）持续发展其在安大略省艾略特湖的稀土加工项目，着力构建发展加拿大第一个稀土加工中心。

杜兰戈资源公司（Durango Resources）已计划购买某些潜在的稀土项目，

包括铈、镧、钪、钇、锆、铪等。

澳大利亚黑斯廷斯科技金属有限公司（Hastings Technology Metals Limited）更新澳洲项目资源量，稀土矿石量已超过 2050 万吨。此次更新大大提高了稀土氧化物总量，由之前的 21.6 万吨提升至 24.3 万吨（增加 12.5%），钕镨氧化物也从之前的 6.89 万吨增加至 8.424 万吨，提高了 19.4%。

目前，我国以外的唯一主要稀土生产商是澳大利亚莱纳斯公司。它开采西澳大利亚的韦尔德矿，每天生产 5000 吨以上镨钕金属，大部分产品定向卖给日本客户。

2017 年 11 月，蒙坎古公司（Mkango）与诺博公司的子公司塔拉西斯公司（Talaxis）达成协议共同开发在马拉维松圭山的稀土项目。根据协议，塔拉西斯将为该项目进行可行性研究提供资金支持，作为回报获得该项目 49% 的股份。塔拉西斯还可选择通过安排进一步的开发资金而获得额外 26% 的股权。

2018 年初，彩虹稀土将从布隆迪的加卡拉项目装运第一批稀土精矿发往德国钢铁制造商蒂森克虏伯公司。后者据称是在非洲唯一生产稀土矿的公司，也是全球产品级别最高的公司。

美国芒廷帕斯山稀土矿以前归钼公司所有，2017 年夏天拍卖，被多家组成的财团收购。12 月，财团成员尼奥功能材料公司在钼公司破产后完成首次公开募股。该公司据称是具有领先地位的先进材料供应商，产品涉及多领域中的应用技术。

2017 年，美国能源部资助了一个旨在开发以高成本效率方法从煤炭中提取稀土元素的研究项目，意图解决国内稀土供应自足问题。11 月，肯塔基大学的研究人员声称他们率先从煤源中提取纯度为 98% 的稀土精矿。据称，他们将在一个移动的稀土中试厂进行工艺测试，计划该中试厂将在 2018 年的春天运行。

表 1-4　全球前八稀土矿生产国家　　　　　（单位：吨）

国家	产量
中国	105000
澳大利亚	14000
俄罗斯	3000

续表

国家	产量
印度	1700
巴西	1100
泰国	800
越南	300
马来西亚	300

资料来源：美国地质调查局（2016），赛迪智库整理，2018年1月。

（二）低碳节能领域发展带动稀土需求提升

全球范围内，稀土下游应用主要包括永磁材料、催化材料、抛光材料和冶金材料等，永磁材料受益于新能源汽车、节能风电、节能空调、汽车EPS（电动助力转向系统）、电子工业等前景较好领域的广泛应用而需求良好，在全球稀土消费领域占比最高，约35.9%；催化材料主要用于汽车尾气净化和石油硫化裂化等稀土传统应用领域，消费占比约15.2%；其次为抛光材料和冶金材料，占比分别为11.1%和8.4%。

分国家看，稀土消费市场分布为中国，56.5%；日本，21.2%；美国，8%；欧洲，8%。各国稀土下游分布存在较大差异，中国最大的稀土消费领域是永磁材料，占比41.7%；日本以抛光粉和永磁材料为主，稀土抛光粉占比为26.3%；美国和欧洲稀土消费领域相似，催化剂、玻璃陶瓷、合金为主，其中催化剂消费占比分别为22.4%和30.6%。

受低碳节能等下游应用领域发展影响，稀土永磁材料领域市场前景向好。金属钕和镨主要用作电动和混合动力汽车的驱动系统，以及风力发电，机器人和其他清洁能源电机的永磁材料。随着各国政府对低碳减排的重视，在可预见的几年内这些领域会得到快速增长。预计2018年需求达到7.1万吨，占比接近40%，同时增速较高，复合增长率约6.3%。2017年，钕和镨的需求量占全球稀土总需求量的14%；预计到2027年底，钕和镨的需求量占全球总需求量将增长至24%以上。

美得龙资源公司预计2018年稀土价格增长将更加放缓，价格上涨对消费者的冲击也将减少，生产商也能够保持良好的销售态势。预计中国稀土生产将保持与 2017 年相当的水平，因此，预计国际市场氧化钕有供应紧张的可能性，或许会更多地依赖储备和库存。

表 1-5 2015—2035 年各应用领域对稀土元素的需求比例

应用领域	需求比例	稀土元素	应用产品
金属合金	6%	La, Ce, Pr, Nd, Sm,	储氢电池、超合金、铝镁、钢
抛光	10%		农业：微肥 抛光：燃料、核 医疗：医疗追踪
其他	6%		
化学催化	4%	La, Ce, Pr, Nd	汽车：石油精炼、汽车催化剂、柴油添加剂 水处理
荧光	4.5%	La, Ce, Eu, Tb, Y	照明：激光，LED，荧光灯 电子：平板显示 医疗：X-射线成像
玻璃陶瓷	6%		
磁体	12.5%	La, Ce, Pr, Nd, Gd, Er, Ho	抛光：着色剂 清洁能源：燃料电池 电子：电容器、传感器半导体

资料来源：Kingsworth，赛迪智库整理，2018 年 1 月。

（三）全球供需或将面临供需平衡

2017 年，我国稀土产量仍占全球稀土总供应量的 80% 以上；需求量占全球总需求量的 66% 以上。自 2013 年以来稀土矿产品一直处于供给过量的情况。2015—2016 年全球稀土冶炼产品市场供求出现缺口，是由于之前积累的社会库存巨大而非需求猛增或生产能力降低，库存量需要花较长的时间消耗。我国由于黑色产业链长期存在，实际供给量一直处于过剩的状态，随着国家"打黑"力度的落实和持续加严、下游新能源应用发展，未来我国的供给过剩的局面有望逐步改善，2017 年我国稀土冶炼分离产品的过剩量将继续下行，全球供需或将面临供需平衡。

表1-6　2014—2017年全球稀土冶炼分离产品供需平衡表（吨）

—	2014	2015	2016*	2017
全球供给量	128514	124937	119050	114300
其中：中国供给量	112000	107000	105000	105000
全球需求量	127400	132000	142100	151000
其中：中国需求量	86000	82000	86100	87100
全球过剩/短缺量	1114	−7063	−23050	−36700
其中：中国过剩/短缺量	26000	25000	18900	17900

资料来源：中国产业信息网，《2017年中国稀土市场发展现状分析及未来发展前景预测》，2018年1月。

二、价格分析

自2017年初开始，国际市场镨钕价格呈直线上升态势。根据荷兰咨询公司Adamas Intelligence的报告，2017年8月中旬镨钕合金的现货价格达到三年以来的最高点，与年初相比，涨幅超过50%。同期，氧化钕的交易价格是68美元/公斤，而氧化镨的交易价格是85美元/公斤。据《日经亚洲评论》报道，2017年9月中旬国际市场上金属钕的现货价格一直徘徊在95美元/公斤左右，同比增长90%；金属铽的价格为600美元/公斤，比2016年11月上涨了36%。

三、市场分析

（一）全球稀土矿业公司利润略有好转

受稀土价格大幅上涨影响，稀土矿业公司经营状况和业绩好转。截至2017年9月，莱纳斯公司（Lynas）镨钕（NdPr）产量1442吨，同比增长22.6%，比上季增长7.4%；稀土总产量为4665吨，同比增长27.3%；环比增长14%。公司收获了创纪录的销售收入，以及创纪录的产量和现金流。

加拿大稀土公司在稀土精矿贸易领域保持持续增长势头。截至2017年6月30日，累计完成645吨精矿的采购和销售，销售收入约超过130万美元。

（二）稀土资源回收技术进一步发展

尤克尔稀有金属公司战略联盟组织获得了美国能源部100万美元的奖金，用于从美国的煤矿尾矿中选取原料、冶炼、精选及分离稀土元素，生产可销售的稀土氧化物。金属的分离和净化工艺将使用美国的清洁能源技术——分子识别技术。此外，该公司还开发出一种从亚伯达油砂矿中提取金属浓缩液的工业化生产工艺，可从亚伯达油砂矿中回收稀土元素。

第二章　2017 年中国原材料产业发展状况

2017 年，在全球经济弱复苏和国内经济稳中向好的背景下，我国原材料工业总体平稳发展。

第一节　基本情况

一、主要产品产量小幅增长

2017 年，我国实体经济稳中向好、好于预期，我国原材料工业生产规模有所扩大，除个别产品外，大部分产品产量小幅增加，但增速有升有降。化工产品中，硫酸产量扭转了上年同期负增长的局面，烧碱、乙烯产量有所增加，但增速均低于上年同期水平。生铁、粗钢、钢材产量全面增长，其中生铁和粗钢产量增速分别高于上年同期 1.1 和 4.5 个百分点。十种有色金属产量有所增加，增速高于上年同期 0.5 个百分点。水泥产量同比减少 0.2%，平板玻璃产量增速低于上年同期 2.3 个百分点。

表 2-1　2017 年我国主要原材料产品产量及增长率

主要产品	产量（万吨）	增长率（%）	2016 年同期增速（%）
硫酸	8694	1.7	-0.8
烧碱	3365	5.4	8.8
乙烯	1821.8	2.4	3.9
生铁	71075.9	1.8	0.7
粗钢	83172.8	5.7	1.2
钢材	104818.3	0.8	2.3
十种有色金属	5378	3	2.5

主要产品	产量（万吨）	增长率（%）	2016 年同期增速（%）
水泥（亿吨）	23.2	−0.2	2.5
平板玻璃（亿重量箱）	7.9	3.5	5.8

资料来源：国家统计局，2018 年 1 月。

二、投资规模持续减少

2017 年，除非金属矿采选业外，其他行业固定资产投资规模继续减少。化学原料和化学制品制造业投资规模同比下降 4%，降幅较上年同期进一步扩大。钢铁、有色行业投资规模持续缩小，分别下降 11.4% 和 8.1%，钢铁和有色行业投资降速较上年进一步扩大。建材行业中，非金属矿采选业投资同比减少 16.3%，较上年降幅扩大；非金属矿物制品业投资小幅增长，增速高于上年同期 0.9 个百分点。

表 2-2　2017 年我国原材料工业固定资产投资及增长率

行业	绝对量（亿元）	同比增长（%）	上年同期同比增长（%）
化学原料和化学制品制造业	13903.2	−4	−1.6
黑色金属矿采选业	751.2	−22.8	−28.4
黑色金属冶炼和压延加工业	3804.2	−7.1	−2.2
有色金属矿采选业	1109.1	−21.3	−10
有色金属冶炼和压延加工业	5038.4	−3	−5.8
非金属矿采选业	1754.6	−16.3	1.6
非金属矿物制品业	16952.8	1.6	0.7

资料来源：国家统计局，2018 年 1 月。

三、进出口有所减少

2017 年，受国际市场需求减弱影响，我国主要原材料产品出口呈现下滑。钢材出口 7541 万吨，同比减少 30.5%，而上年同期为减少 3.5%；未锻造的铝及铝材出口 479 万吨，同比增长 4.5%，而上年同期为减少 3.7%；未锻造的铜及铜材出口 81.6 万吨，同比减少 7.4%，低于上年同期 28.7% 的增长水平。受国内主要下游行业需求减弱影响，主要原材料进口有所减少，钢材进口 1330 万吨，同比增长 0.6%，低于上年同期 2.8 个百分点；未锻造的铝及铝材进口 58.3 万吨，同比减少 9.8%，较上年同期 -7.2% 的降速进一步扩大；未锻造的铜及铜材进口 469 万吨，同比减少 5.2%，而上年同期增长 2.9%。

四、产品价格波动上涨

2017 年 1—12 月，主要原材料产品价格呈现波动上涨态势。12 月末，CSPI 钢材综合价格水平为 121.8，同比涨幅 22.4%。有色金属产品价格总体上涨，铜价格波动上涨，从 1 月的 47016 元/吨涨到 12 月的 54618 元/吨，铝、铅、锌价格也总体保持上涨态势。化工产品价格有涨有跌，尿素、硫酸、纯碱价格总体呈现上涨态势，而天然橡胶价格震荡下跌，从年初的 18500 元/吨下跌到 12 月末的 12160 元/吨。

表 2 - 3　2017 年 1—12 月我国部分原材料产品价格变化

(单位：元/吨)

产品	钢铁协会 CSPI 钢材综合价格指数(1994 年 4 月 =100)	尿素	硫酸	纯碱(重灰)	天然橡胶(标胶,SCRWF)	铜	铝
1 月	99.87	1710	328	2260	18500	47016	13580
2 月	106.22	1680	352	2270	18380	48096	13741
3 月	101.81	1670	367	2150	16360	47146	13738
4 月	92.64	1530	368	1890	14150	46126	14184
5 月	99.27	1600	360	1750	13020	45811	13951
6 月	101.03	1640	350	1740	12420	47045	13931
7 月	106.49	1630	340	1720	12700	49613	14206
8 月	115.3	1560	320	1750	13100	51144	16079
9 月	113.82	1630	310	2250	12500	50504	15926
10 月	115.96	1780	330	2350	11800	54320	16005
11 月	118.66	1750	390	2540	12040	53619	14864
12 月	121.8	1960	420	2450	12160	54618	14416

资料来源：赛迪智库整理。

五、行业经济效益有所改善

2017 年，我国原材料工业经济效益逐步好转。化学原料和化学制品制造业利润增速高于上年同期 30.2 个百分点；钢铁行业经济效益有所改善，利润同比增长 85.8%，低于上年同期 112.2% 的水平；有色金属行业利润也有所增长，同比增长 5%，低于上年同期 35.1% 的增长水平；非金属矿采选业利润增长 2.7%，而上年同期为负增长；非金属矿物制品业利润同比增长 20.5%，高于上年同期 9.3 个百分点。

表 2 – 4　2017 年我国原材料行业利润及增长率

行业	绝对量（亿元）	同比增长（%）	上年同期增速（%）
化学原料和化学制品制造业	6045.6	40.9	10.7
黑色金属矿采选业	413	43.8	– 13
黑色金属冶炼和压延加工业	3419.4	177.8	232.3
有色金属矿采选业	527.2	23.5	9.7
有色金属冶炼和压延加工业	2023.9	28.6	42.9
非金属矿采选业	354	2.7	– 6.5
非金属矿物制品业	4446.6	20.5	11.2

资料来源：国家统计局，2018 年 2 月。

第二节　工作进展

一、"去产能"任务超额完成

2017 年是原材料工业深入推进"去产能"工作的一年。在国家和地方的共同努力下，我国原材料工业"去产能"工作取得积极成效，优势产能的发展环境大大改善。钢铁行业，2017 年我国粗钢产量达到 8.32 亿吨，同比增长 5.7%，达到历史最高水平，这主要得益于两方面工作，一方面，我国钢铁行业继续贯彻执行《国务院关于钢铁行业化解过剩产能实现脱困发展的意见》，加快退出落后的过剩产能，提高产能利用率，提高行业的整体盈利能力，全年共化解粗钢产能超过 5000 万吨，超额完成年度目标任务；另一方面，我国开展取缔"地条钢"行动，全面清理 1.4 亿吨"地条钢"，推动钢材质量大幅提升，规范了钢铁市场秩序，推动了行业的健康可持续发展。有色行业，发改委、工信部等四部委联合发布《清理整顿电解铝违法违规项目专项行动工作方案》，关停违法违规新增电解铝产能近 900 万吨，同时印发关于企业集团内部电解铝产能跨省置换工作的通知，极力解决电解铝产能在跨省置换方面存在的难题。建材行业，工信部联合相关部门开展水泥玻璃淘汰落后产能专项督查，将落后产能彻底淘汰。

二、技术创新取得显著成效

2017 年原材料工业技术创新步伐加快，涌现了一批对行业发展有重大影响的科技成果。大连理工大学、航天材料及工艺研究所、哈尔滨飞机工业集团有限责任公司共同开发的高性能碳纤维复合材料构件高质高效加工技术及装备取得重大突破，获得国家技术发明一等奖；航天长征化学工程股份有限公司设计制造的航天炉在新疆玛纳斯项目连运时间创下气流床气化技术连运世界纪录；由清华大学山西清洁能源研究院、北京清创晋华科技有限公司、山西阳煤化工机械集团和阳煤丰喜肥业集团共同开发的水煤浆水冷壁废锅气化炉通过连续稳定现场考核，经中国石化联合会鉴定为国际领先水平。宝武集团成功开发了应用于飞机碳纤维模具制造的 4j36 宽幅热轧板，实现了国产化；河钢集团成功开发了超临界锅炉汽水分离器用钢，实现了进口替代；华菱钢铁 hsm 系列高强度起重机臂架管研发成功，填补了国产高强度起重机臂架管的空白。由西北有色金属研究院主要完成的"高性能金属粉末多孔材料制备技术及应用"项目获得技术发明二等奖；由河南科技大学、中南大学、北京有色金属研究总院等承担的"高强高导铜合金关键制备加工技术开发及应用"项目，由北京有色金属研究总院、北京康普锡威科技有限公司等承担的"球形金属粉末雾化制备技术及产业化"项目，由内蒙古大唐国际再生资源开发有限公司、大唐国际发电股份有限公司等承担的"高铝粉煤灰提取氧化铝多联产技术开发与产业示范"项目等获得国家科技进步二等奖。

三、并购重组取得积极进展

2017 年是原材料企业并购重组比较活跃的一年。化工领域,中国化工完成对全球第一大农药、第三大种子巨头瑞士先正达的交割,以 430 亿美元创下中企并购的世界纪录;中国国电公司与神华集团完成合并重组,成立国家能源投资集团有限责任公司,形成煤炭、常规能源发电、新能源、交通运输、煤化工等 8 大业务板块,拥有四个世界之最,成为全球最大煤制油、煤化工公司。钢铁领域,四源合基金与重庆战新基金共同出资设立钢铁平台公司作为投资人参与重庆钢铁的破产重整,其中四源合基金是由国内第一大钢铁企业宝武钢铁集团发起成立的。沙钢重组东北特钢,中信集团战略重组青岛特钢等。有色领域,中国铝业、五矿、江西铜业、云南铜业、葛洲坝集团等通过兼并重组方式涉足再生金属产业,推动我国再生金属产业发展。建材领域,中材和中建材合并成立中国建材集团,成为建材"巨无霸"集团,合并后中国建材集团水泥总产能约占全国 22%,2017 年 9 月中建材和中材股份订立合并协议,中材股份被中建材股份吸收合并。

四、智能制造有序推进

自工业和信息化部 2015 年组织开展智能制造试点示范专项行动以来,我国智能制造试点示范工作逐步深入,智能制造示范项目逐步从制造环节试点示范向服务环节试点示范延伸。原材料工业是典型的流程型行业,智能制造在原材料工业的普遍应用有助于大幅提升原材料工业的生产和服务效率。2017 年,茂名石化智能工厂等 16 个原材料领域项目入选国家智能制造试点示范项目,原材料工业智能制造水平有所提升;轮胎行业建立了智能制造标准化产业联盟,通过标准引领轮胎行业的智能制造。

行业篇

第三章 石化化工行业

第一节 基本判断

一、市场供需分析

2017年，我国原油产量19151万吨，同比减少4%；1—11月表观消费量55692万吨，同比增加6%。原油进口量41957万吨，同比增长10%；原油加工量56777万吨，同比增加5%。

表3-1 2017年成品油生产情况 （单位：万吨，%）

产品	生产情况	
	产量	同比
汽油	13276	3
煤油	4231	6
柴油	1593	3

资料来源：Wind资讯，2018年2月。

烯烃方面，1—12月，乙烯产量1822万吨，同比增加2.3%；表观消费量2037万吨，同比增加4.7%。丙烯产量2597万吨，同比增加14.9%。芳烃方面，1—11月，苯产量780万吨，同比增加4.7%；表观消费量1009万吨，同比增加17.9%。

表3-2　2017年烯烃和芳烃产销情况　（单位：万吨，%）

产品	生产情况		消费情况	
	产量	同比	消费量	同比
乙烯	1822	2.3	2037	4.7
丙烯	2597	14.9	—	—
苯	780（1—11月）	4.7	1009（1—11月）	17.9

资料来源：Wind资讯，2018年2月。

传统化工产品方面，1—12月，硫酸、烧碱产量分别为8694万吨和3365万吨，同比分别下降2.2%和增长2.5%。1—11月甲醇产量达4179万吨，同比增加6.6%；表观消费量4925万吨，同比增加4.3%。受产能过剩等因素影响，1—7月，氮肥、磷肥产量分别为2501万吨和11081万吨，同比减少13.2%和5.7%。

表3-3　2017年传统化工产品产销情况　（单位：万吨，%）

产品	生产情况		消费情况	
	产量	同比	消费量	同比
甲醇	4179（1—11月）	6.6	4925（1—11月）	4.3
氮肥（折纯）	2501（1—7月）	-13.2	—	—
磷肥（折纯）	1108（1—7月）	5.7	—	—
农药（原药）	294	-22.2	—	—
硫酸	8694	-2.2	8746	-3.1
烧碱	3365	2.5	3214	3.7
聚氯乙烯	1601（1—11月）	5.2	1780	8.6
纯碱	2677	3.4	2539	5.6
涂料	1836（1—11月）	7.7	—	—

资料来源：Wind资讯，2018年2月。

二、行业投资情况

2017年，石油加工、炼焦及核燃料加工业固定资产完成额为2676.8亿元，同比下降0.1%；化学原料及化学制品制造业固定资产投资完成额为13903.2亿元，同比下降4.0%；橡胶和塑料制品业固定资产投资完成额为6979.4亿元，同比增长7.4%。

表3-4　2017年行业固定资产投资完成额及累计同比情况

（单位：亿元，%）

行业	2017年		2016年	
	投资完成额	累计同比	投资完成额	累计同比
石油加工、炼焦及核燃料加工业	2676.8	-0.1	2696.2	6.2
化学原料及化学制品制造业	13903.2	-4.0	14753.0	-1.6
橡胶和塑料制品业	6979.4	1.2	7015	7.4

资料来源：Wind资讯，2018年2月。

三、产品价格走势

2017年，国际原油价格小幅上涨，化工行业主要产品价格波动，有涨有跌。主要烯烃、芳烃产品方面，LDPE、苯的价格由2017年1月的12200元/吨、7950元/吨下降到12月的10400元/吨、7050元/吨，HDPE、丙烯价格由2017年

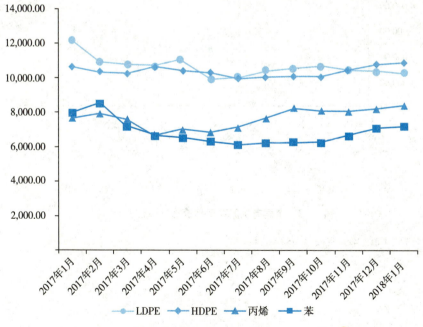

图3-1　主要烯烃芳烃产品价格（单位：元/吨）

资料来源：Wind资讯，2018年2月。

1月的 10620 元/吨、7680 元/吨上涨到 12 月的 10800 元/吨、8190 元/吨。主要有机原料产品方面，甲醇、精对苯二甲酸的价格由 2017 年 1 月的 2740 元/吨、5340 元/吨上涨到 12 月的 3380 元/吨、5750 元/吨，乙二醇价格由 2017 年 1 月的 7790 元/吨下降到 12 月 7260 元/吨。受供需关系影响，聚氯乙烯产品价格出现波动，SG3 和 LS－100 产品价格分别由 2017 年 1 月的 6730 元/吨和 7600 元/吨下滑到 2017 年 12 月的 6390 元/吨和 6850 元/吨。主要传统化工产品价格方面，烧碱的主要产区开工率 2017 年一直处于低位，而氧化铝等下游市场需求旺盛，导致烧碱价格上涨明显。

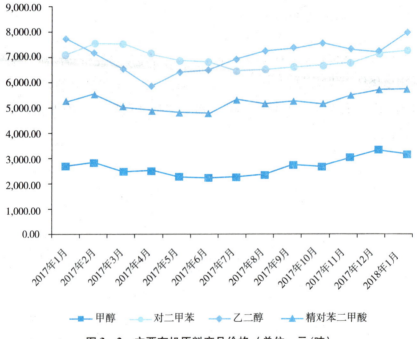

图 3－2　主要有机原料产品价格（单位：元/吨）

资料来源：Wind 资讯，2018 年 2 月。

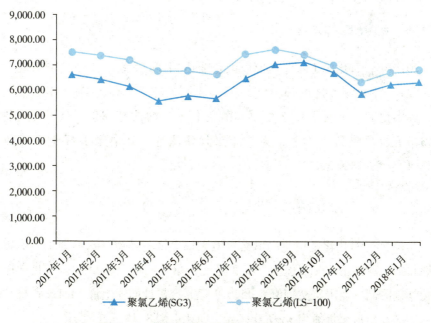

图 3 – 3 聚氯乙烯产品价格（单位：元/吨）

资料来源：Wind 资讯，2018 年 2 月。

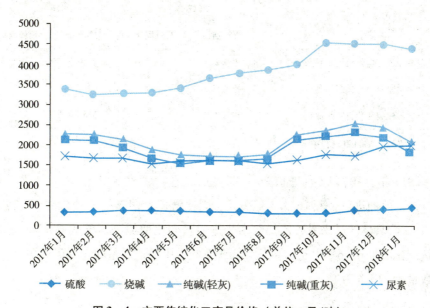

图 3 – 4 主要传统化工产品价格（单位：元/吨）

资料来源：Wind 资讯，2018 年 2 月。

四、经济效益增速提高

2017 年，石化化工行业规模以上企业达到 28005 家，工业增加值同比增长 3.7%，主营业务收入 13.45 万亿元，同比增长 15.8%，为 6 年来最快增速；其中化工行业主营业务收入 9.10 万亿元，增长 13.8%。全年实现利润 8313.6 亿元，增长 52.1%，为 7 年来最快增速；其中化工行业实现利润 6072.4 亿元，增长 39.7%。

五、进出口贸易情况

2017 年，石化化工行业出口交货值大幅上涨，其中，石油加工、炼焦及核燃料加工业的出口交货值为 796.2 亿元，累计同比上涨 60.2%；化学原料及化学制品制造业出口交货值为 4566.2 亿元，累计同比上涨 14.1%；橡胶和塑料制品业出口交货值为 3897.0 亿元，同比上涨 8.7%。

表 3－5　2017 年石化化工行业出口交货值（单位：亿元，%）

行业	2017 年		2016 年	
	累计值	累计同比	累计值	累计同比
石油加工、炼焦及核燃料加工业	796.2	60.2	498.3	1.6
化学原料及化学制品制造业	4566.2	14.1	4267.9	3.9
橡胶和塑料制品业	3897.0	8.7	3751.2	2

资料来源：Wind 资讯，2018 年 2 月。

2017 年，我国原油进口进一步增加，进口量达 4.2 亿吨，同比增加 10.1%；原油进口金额 1623.3 亿美元，同比增长 39.1%。原油对外依存度达 68.41%。具体产品来看，乙烯、丙烯进口量同比增加 30.2% 和 6.7%；苯进口量同比增加 61.6%，进口量达 250.3 万吨；甲醇进口量同比减少 7.6%，进口数量为 813.4 万吨。

表3-6 2017年主要产品进出口数量 （单位：万吨，%）

产品	进口（万吨）		出口（万吨）	
	累计	同比	累计	同比
乙烯	215.68	30.2	0.6	-22.7
丙烯	309.9	6.7	0.0	—
苯	250.3	61.6	3.54	-33.2
甲醇	813.4	-7.6	12.67	278.2
乙二醇	871.6	16.1	1.8	-6.1
农药（原药）	8.4	-1.5	163	16.6
烧碱	1.09	-2.1	151.95	-20.9
聚氯乙烯	100	15.3	110	-5.9
纯碱	14.43	7.2	152.3	-23.1
合成橡胶	436	52.3	26.14	—

资料来源：Wind 资讯，2018 年 2 月。

第二节 需要关注的几个问题

一、行业投资持续下降

2017 年，石化化工行业完成固定资产投资 2.06 万亿元，同比下降 2.8%；其中化学原料及化学制品制造业固定资产投资完成额为 13903.2 亿元，同比下降 4.0%，连续第二年下降。一方面是受环保趋严、产能过剩影响，企业投资意愿不强，外资在华投资下降，已立项项目延期；另一方面是行业缺少新的增长点。应加大对石化化工行业的技术改造、智能制造、提升化工园区安全环保水平和危化品搬迁等方面的支持力度，稳定行业投资。

二、石油开采业亏损面大

尽管 2017 年石油和天然气开采业效益总体上明显改善，但受石油开采业拖累，亏损面仍然较大，达到 30%。尤其是石油开采业，亏损面竟达

58.0%，近六成企业亏损；效益继续恶化，净亏损 11.5 亿元，连续第二年亏损。石油开采业效益面临的形势依然十分严峻。

三、库存上升加快

监测数据显示，2017 年，石油和化工行业存货资金上升 12.3%，其中化学工业升幅达 12.7%，均创 5 年来最大增幅。特别是下半年后，呈现快速上升之势。在需求趋缓背景下，库存快速上升，预示市场风险可能增加，应引起警惕。

四、进口压力增大，出口形势严峻

2017 年，我国乙烯、丙烯、苯、乙二醇、聚氯乙烯和合成橡胶等大宗商品进口数量进一步增加。其中，乙烯进口量达 215.9 万吨，同比增长 30.2%；丙烯进口量达 309.9 万吨，同比增长 6.7%；合成橡胶进口量达 436 万吨，同比增长 52.3%。同时，面对低迷的外部市场，出口压力进一步增加。2017 年我国纯碱出口 152.3 万吨，同比下降 23.1%；烧碱出口 151.95 万吨，同比下降 20.9%。

第四章 钢铁行业

第一节 基本判断

一、产需双双小幅增长

（一）粗钢产量继续保持增长

2017年，中国生铁、粗钢和钢材产量分别为7.11亿吨、8.32亿吨和10.48亿吨，分别同比增长了1.8%、5.7%和0.8%。

表4-1 2017年全国冶金企业主要产品产量

（单位：万吨,%）

	产量	同比
生铁	71076	1.8
粗钢	83173	5.7
钢材	104818	0.8
铁矿石原矿量	122937	7.1
铁合金	3289	0.5

资料来源：国家统计局，2018年1月。

从钢材产品结构看，2017年，板带材产量4.81亿吨，占钢材总产量的比重为45.89%，较2016年下降了0.01个百分点；长材产量4.59亿吨，占钢材总产量的比重为43.74%，较2016年增长了0.82个百分点；管材产量0.79亿吨，占钢材总产量的比重为7.56%，较2016年下降0.02个百分点；铁道用钢材产量478.6万吨，占钢材总产量的比重为0.46%，较2016年增长了0.04个百分点。

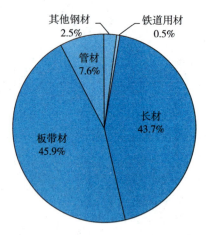

图 4 - 1　2017 年中国钢材产品结构

资料来源：赛迪智库原材料工业研究所整理，2018 年 1 月。

从钢材分品种产量看，2017 年，大型型钢、线材、特厚板、冷轧薄板、热轧薄宽钢带、热轧窄钢带、冷轧窄钢带、涂层板（带）和焊管的累计产量出现同比下降，其他钢材品种产量则均呈现不同程度的增长，其中电工钢板（带）增幅最大，超过 10%。

表 4 - 2　2017 年全国钢材分品种产量　（单位：万吨,%）

	2017 年	2016 年	同比
钢材合计	104818.30	103967.07	0.82
铁道用钢材	478.63	438.26	9.21
大型型钢	1460.70	1549.90	− 5.76
中小型型钢	4612.84	4592.57	0.44
棒材	6806.66	6340.60	7.35
钢筋	19997.68	19309.24	3.57
盘条（线材）	12973.38	13197.22	− 1.70
特厚板	729.67	748.72	− 2.54
厚钢板	2608.59	2496.47	4.49
中板	3570.60	3325.93	7.36
热轧薄板	990.89	956.81	3.56
冷轧薄板	3277.31	3350.85	− 2.19
中厚宽钢带	13779.55	13077.86	5.37

	2017 年	2016 年	同比
热轧薄宽钢带	5491. 10	5592. 55	− 1. 81
冷轧薄宽钢带	5270. 83	5022. 86	4. 94
热轧窄钢带	4459. 64	5499. 13	− 18. 90
冷轧窄钢带	864. 22	1098. 50	− 21. 33
镀层板（带）	5262. 99	5234. 81	0. 54
涂层板（带）	777. 67	799. 27	− 2. 70
电工钢板（带）	1020. 20	904. 80	12. 75
无缝钢管	2610. 09	2527. 06	3. 29
焊接钢管	5317. 12	5418. 61	− 1. 87
其他钢材	2585. 91	2530. 35	2. 20

资料来源：国家统计局，2017 年 1 月。

从各地区钢铁生产情况来看，2017 年 1—11 月东部、中部和西部地区粗钢产量分别为 48407. 2 万吨、17370. 8 万吨和 10488. 1 万吨，分别占全国粗钢总产量的 63. 3%、22. 7% 和 13. 7%，同比增长分别为 1. 2%、6. 9% 和 6. 8%。

表 4 – 3　2017 年 1—11 月各区域钢铁产品生产情况

（单位：万吨，%）

区域	生铁			粗钢			钢材		
	产量	同比增长	占全国比重	产量	同比增长	占全国比重	产量	同比增长	占全国比重
东部	41455. 9	0. 2	63. 2	48407. 2	1. 2	63. 3	64242. 5	− 8. 8	66. 0
中部	15285. 1	3. 0	23. 3	17370. 8	6. 9	22. 7	19825. 6	− 0. 1	20. 4
西部	8873. 3	9. 7	13. 5	10488. 1	6. 8	13. 7	13230. 1	− 5. 1	13. 6
合计	65614. 3	2. 3	100. 0	76480. 2	5. 7	100. 0	97298. 2	1. 1	100. 0

资料来源：赛迪智库原材料工业研究所整理，2018 年 1 月。

（二）粗钢消费继续增长

2017 年中国粗钢产量 83173 万吨，净出口材坯折合粗钢 6404 万吨，2017 年中国粗钢表观消费量约为 76769 万吨，同比增长 11. 5%。从 2017 年钢材下游消费行业发展看，房地产开发投资同比增长 7. 0%，基础设施建设投资同比增长 14.9%；机械制造业除工业锅炉、发电设备、包装专用设备和拖拉机产量同比下降以外，其他产品产量较 2016 年相比均有不同程度的增长，特别是工业机器人发展迅速，同比增幅高达 68.1%。

表 4-4　2017 年各用钢行业产品产量情况

指标名称	单位	产量	同比（%）	上年同比（%）
金属切削机床	万台	64.3	6.8	2.2
工业机器人	台/套	131079.0	68.1	34.3
交流电动机	万千瓦	27918.2	10.0	-1.3
电动手提式工具	万台	25597.2	11.6	3.2
工业锅炉	蒸发量吨	433674.7	-0.8	4.7
发电设备	万千瓦	11833.0	-7.3	4.7
大气污染防治设备	台（套）	375697.0	3.5	29.7
包装专用设备	台	101377.0	-0.3	4.2
饲料加工机械	台	488035.0	5.7	5.0
水泥专用设备	吨	1012636.4	11.7	8.1
金属冶炼设备	吨	563867.6	7.7	-16.7
大型拖拉机	台	51052.0	-18.9	-18.9
中型拖拉机	台	367210.0	-11.9	-6.6
小型拖拉机	万台	99.6	-13.2	-2.9
铁路机车	辆	1500.0	32.2	-43.3
发动机	万千瓦	267405.1	17.4	11.2
民用钢质船舶	万载重吨	4377.0	9.5	-11.9
汽车	万辆	2994.2	3.2	13.1
空调	万台	18039.8	26.4	4.5
家用电冰箱	万台	8670.3	13.6	4.6
家用洗衣机	万台	7500.9	3.2	4.9
冷柜	万台	1792.8	9.0	0.1

资料来源：国家统计局，2018 年 1 月。

二、行业投资继续下降

2017 年中国黑色金属矿采选业与黑色金属冶炼及压延加工业固定资产投资额合计为 4555.4 亿元，同比下降 11.4%，降幅较 2016 年增大了 2.8 个百分点。其中，黑色金属冶炼及压延加工业完成投资额 3804.2 亿元，同比下降 7.1%，降幅较 2016 年增大了 4.9 个百分点；黑色金属矿采选业完成投资 751.2 亿元，同比下降 22.8%，降幅较 2016 年缩小了 5.6 个百分点。

表 4 - 5　2017 年钢铁行业固定资产投资情况

（单位：亿元，%）

项目	2017 年		2016 年	
	投资额	同比	投资额	同比
黑色金属矿采选业	751.2	-22.8	978.3	-28.4
黑色金属冶炼和压延加工业	3804.2	-7.1	4161.5	-2.2
合计	4555.4	-11.4	5139.8	-8.6

资料来源：国家统计局，2018 年 1 月。

三、产品价格震荡上行

2017 年 1—2 月，国内钢材价格震荡上行；进入 3 月，钢材价格开始出现回落，直到 4 月下旬，价格开始止跌反弹，并持续震荡上行，到 12 月中旬出现年内最高点；此后价格再次进入回调阶段。以中钢协综合钢材价格指数为例，1 月 6 日该指数为 98.8 点，到 3 月 3 日达到阶段性高点 107.9 点，较年初上涨了 9.1 点；此后价格开始回落，到 4 月 21 日该指数为 92.2 点，较前期高点回落了 15.7 点；此后价格开始新一轮震荡上行，到 12 月 15 日，该指数涨至 126.3 点，较 4 月 21 日的 92.2 点上涨了 34.1 点，较年初上涨了 27.5 点；12 月中下旬，价格回落，到 12 月 29 日该价格指数回落至 121.8 点，较最高点回落了 4.5 点。

图 4 - 2   2017 年中国钢材市场价格指数走势

资料来源：Wind 资讯，2018 年 1 月。

四、行业效益实现盈利

2017 年 1—12 月，全国纳入中国钢铁协会统计的 93 家重点钢铁企业的产品销售收入合计为 36924.8 亿元，同比增长 34.1%。在 93 家重点钢铁企业中，有 8 家企业亏损，亏损面 8.6%，这 8 家亏损企业的亏损额合计为 101.3 亿元。

图 4 - 3   2017 年 1—12 月 93 家重点钢铁企业平均销售利润率

资料来源：中国钢铁工业协会，2018 年 2 月。

从盈利水平看，2017 年 1—12 月 93 家重点钢铁企业实现利税 3018.2 亿元，同比增长 188.0%；其中合计利润总额为 1773.4 亿元，同比增长 613.6%。2017 年 1—12 月 93 家重点钢铁企业销售利润率为 4.8%。

从偿债能力来看，2017 年年末 93 家重点钢铁企业的资产总额为 49627.6 亿元，同比增长 5.3%；负债总额为 33365.8 亿元，同比增长 1.4%。从 93 家重点企业统计数据来看，2017 年年末钢铁行业资产负债率高达 67.2%，较 2016 年同期相比下降了 2.6 个百分点。

表 4-6　2017 年年末 93 家重点钢铁企业平均资产负债率

（单位：亿元，%）

	2017 年年末	2016 年年末	同比
资产总额	49627.6	47143.2	5.3
负债总额	33365.8	32917.6	1.4
资产负债率	67.2	69.8	下降 2.6 个百分点

资料来源：中国钢铁工业协会，2018 年 2 月。

五、进出口数量有降有升

（一）钢材净出口大幅下降

2017 年中国出口钢材 7541.3 万吨，同比下降 30.5%；出口钢坯 1.2 万吨，同比下降 7.8%。同期，中国进口钢材 1329.8 万吨，同比增长 0.6%；进口钢坯 52.2 万吨，同比增长 81.2%。总体来看，2017 年中国净出口钢材 6211.6 万吨，同比下降 34.8%；净出口折合粗钢 6403.9 万吨，同比下降 35.0%。

表 4-7　2017 年中国钢材进出口情况　（单位：万吨，%）

项目		2017 年	2016 年	同比
进口	钢坯	52.2	28.8	81.2
	钢材	1329.8	1321.4	0.6
	坯材合计	1382	1350.2	2.4
	折粗钢合计	1434.1	1399.4	2.5

续表

项目		2017 年	2016 年	同比
出口	钢坯	1.2	1.3	−7.8
	钢材	7541.3	10849.2	−30.5
	坯材合计	7542.5	10850.4	−30.5
	折粗钢合计	7838	11254.4	−30.4
净出口	钢坯	−51	−27.5	85.4
	钢材	6211.6	9527.7	−34.8
	坯材合计	6160.6	9500.2	−35.2
	折粗钢合计	6403.9	9855	−35

资料来源：海关总署，2018 年 1 月。

（二）出口同比大幅下降

2017 年中国出口钢材 7541.3 万吨，同比下降 30.5%；其中铁道用材 30.8 万吨，同比下降 40.0%；角型材 322.4 万吨，同比下降 35.8%；棒线材 1607.5 万吨，同比下降 61.0%；板材 4319.3 万吨，同比下降 10.1%；管材 874.9 万吨，同比下降 9.5%。总体来看，各类钢材品种出口均出现不同程度 的下降，其中棒线材出口下降幅度最大。

表 4-8 2017 年中国钢材分品种出口情况

（单位：万吨，%）

品种	2017 年	2016 年	同比
钢材	7541.3	10849.2	−30.5
棒线材	1607.5	4125.8	−61.0
角型材	322.4	502.2	−35.8
板材	4319.3	4802.8	−10.1
管材	874.9	967.1	−9.5
铁道用材	30.8	51.3	−40.0

资料来源：海关总署，2018 年 1 月。

从中国钢材出口国家或地区看，韩国位于首位，其次是越南、菲律宾和 泰国。2017 中国出口至韩国的钢材为 1139.7 万吨，占出口总量的 15.1%；出 口至越南 762.9 万吨，占出口总量的 10.1%；出口至菲律宾 406.6 万吨，占 出口总量的 5.4%；出口至泰国 313.8 万吨，占出口总量的 4.2%。

表4-9 2017年中国分国别钢材出口情况

（单位：万吨，%）

国别	出口量	占比
钢材合计	7541.3	100.0
韩国	1139.7	15.1
越南	762.9	10.1
菲律宾	406.6	5.4
泰国	313.8	4.2
印尼	289.6	3.8
印度	254.7	3.4
其他	4374.0	58.0

资料来源：海关总署，2018年1月。

（三）钢材进口同比小幅增长

2017年中国进口钢材1329.8万吨，同比增长0.6%；其中铁道用材1.2万吨，同比下降39.6%；角型材38.1万吨，同比增长18.0%；棒线材120.7万吨，同比增长2.0%；板材1106.2万吨，同比下降0.2%；管材40.6万吨，同比增长3.1%。

表4-10 2017年中国钢材分品种进口情况

（单位：万吨，%）

品种	2017年	2016年	同比
钢材	1329.8	1321.4	0.6
棒线材	120.7	118.3	2.0
角型材	38.1	32.3	18.0
板材	1106.2	1108.1	-0.2
管材	40.6	39.4	3.1
铁道用材	1.2	2.0	-39.6

资料来源：海关总署，2018年1月。

从中国钢材进口国家或地区看，居于首位的是日本，其次是韩国、中国台湾和德国。2017年中国从日本进口钢材554.7万吨，占钢材进口总量的41.7%；从韩国进口416.6万吨，占钢材进口总量的31.3%；从中国台湾进口151.9万吨，占进口总量的11.4%；从德国进口63.4万吨，占进口总量的4.8%；从印尼和法国分别进口21.5万吨和17.4万吨，分别占进口总量的

1.6%和1.3%。

表4-11　2017年中国分国别或地区进口钢材情况

（单位：万吨，%）

国别或地区	进口量	占比
钢材合计	1329.8	100.0
日本	554.7	41.7
韩国	416.6	31.3
中国台湾	151.9	11.4
德国	63.4	4.8
印尼	21.5	1.6
法国	17.4	1.3
其他	104.3	7.8

资料来源：海关总署，2018年1月。

第二节　需要关注的几个问题

一、已淘汰产能存在复产隐忧

2017年，中国钢铁行业按照党中央、国务院决策部署，在部际联席会的领导下，坚定不移推进去产能工作，取得了丰硕的成果，提前完成化解过剩产能5000万吨的目标任务，彻底取缔"地条钢"。但是在环保限产、"地条钢"出清、去产能等共同作用下，钢材价格上涨，有些企业见有利可图，意欲将已经淘汰的落后产能偷偷恢复生产，这种严重破坏市场秩序的行为如果不加以惩处，去产能取得的成果将化为乌有。今后中国钢铁行业一定要严防已淘汰产能死灰复燃。

二、出口贸易环境不容乐观

2017年中国遭受来自巴西、美国、墨西哥、越南、加拿大、南非、欧盟、土耳其、印度、中国台湾、多米尼加、巴基斯坦、智利、阿根廷等20多个国家和地区的贸易双反调查，地区范围进一步扩大。受此影响，2017 年中国钢材出口大幅回落。从双反调查涉及的品种看，其中包括无缝碳钢管、不锈钢法兰、低碳盘条、钢绞股绳、径向滚动轴承、研磨钢球、石油套管等高附加值钢铁制品。2018 年我国出口贸易环境仍然十分严峻。

三、去杠杆、加强环保仍是钢铁行业当前非常紧迫的工作

当前，中国钢铁行业资产负债率仍然处于较高水平，固定资产折旧率和流动比、速动比仍处在历史上的较差水平，财务费用过高仍是钢铁行业面临的突出问题。环保工作是一项持久性的工作，尽管中国钢铁行业环保及节能水平近年几来取得较大改善，但是今后钢铁行业仍需要花大气力进一步做好环保工作。

第五章　有色金属行业

2017 年，我国有色金属行业整体效益持续好转，十种有色金属产量增速回升，主要产品价格同比大幅上涨、产品进出口表现不一，行业投资增速进一步放缓，行业可持续发展仍需注意严控电解铝新增产能任务艰巨、对美出口环境恶化风险加大、主要产品价格大涨大落风险依然存在、行业发展新动能依然不足。

第一节　基本判断

一、十种有色金属产量增速回升

十种有色金属产量持续增长。2017 年，我国十种有色金属产量达到5377.8 万吨，较上年增长3.0%，增速较上年提高0.5 个百分点。分月看，十种有色金属上半年月产量同比均保持增长，6 月当月产量达到485.0 万吨的全年峰值；除12 月外，十种有色金属下半年月产量均同比减少，11 月当月产量达到432.4 万吨的全年最低水平，之后回升至12 月的472.4 万吨。

表5－1　2016—2017 年十种有色金属产量及增长情况

（单位：万吨，%）

时间	2017 年		2016 年	
	产量	同比增长	产量	同比增长
3 月	457.3	4.0	431.1	4.4
4 月	451.0	5.0	424.5	1.7
5 月	457.7	2.4	436.4	1.0

续表

时间	2017 年		2016 年	
	产量	同比增长	产量	同比增长
6 月	485.0	6.1	442.5	-1.2
7 月	447.2	0.0	438.6	0.7
8 月	442.0	-2.2	445.2	1.2
9 月	444.1	-3.1	452.0	2.7
10 月	445.9	-3.3	454.8	3.2
11 月	432.4	-6.9	458.5	2.3
12 月	472.4	2.8	473.0	9.2
合计	5377.8	3.0	5283.2	2.5

资料来源：国家统计局，2018 年 1 月。

图 5 – 1　2001—2017 年十种有色金属产量及累计同比增长率

资料来源：国家统计局，2018 年 1 月。

　　铜、铝、铅产量保持增长，锌产量略微下降。分品种看，2017 年，铜、铝、铅、锌产量分别为 888.9 万吨、3227.0 万吨、471.6 万吨和 622.0 万吨，较上年同比增长分别为 7.7%、1.6%、9.7%、-0.7%。其中，铅产量增速高于上年 4 个百分点，铜产量增速高于上年 1.7 个百分点，铝产量增速高于上年 0.3 个百分点，锌产量增速低于上年 2.7 个百分点。

表5-2　2016—2017年主要有色金属产品生产情况

（单位：万吨，%）

品种	2017 年		2016 年	
	产量	同比增长	产量	同比增长
铜	888.9	7.7	843.6	6.0
铝	3227.0	1.6	3187.3	1.3
铅	471.6	9.7	466.5	5.7
锌	622.0	-0.7	627.4	2.0
镍			22.0	-8.7
锡			18.3	10.0
锑			20.3	0.03
镁			91.0	1.4

资料来源：国家统计局，2018 年 1 月。

中西部部分省市有色金属产量持续快速增长。山东、新疆、河南、甘肃、云南、内蒙古仍保持有色金属产量大省地位，2017 年十种有色金属产量分别为 870.8、663.9、543.2、398.6、372.7 和 355.0 万吨。其中，新疆、甘肃、云南、内蒙古较上年分别增长 1.8%、6.4%、4.7% 和 6.8%，而山东和河南较上年分别增长 -11.9%、-2.9%。贵州、广西、安徽、陕西有色金属产量持续增加，较上年分别增长 53.5%、27.4%、12.8% 和 1.4%。

表5-3　2016—2017年各地区十种有色金属产品生产情况

（单位：万吨，%）

地区	2017 年		2016 年	
	产量	同比增长	产量	同比增长
北京	—	—	—	—
天津	1.9	106.7	3.4	-15.8
河北	6.3	-46.8	11.9	-18.4
山西	132.1	9.7	120.5	23.4
内蒙古	355.0	6.8	334.2	-1.8
辽宁	98.9	6.9	92.7	0.5
吉林	12.6	7702.9	0.16	2.0
黑龙江	0.03	-33.8	0.04	-55.8
上海	3.4	-31.5	5.0	12.1
江苏	43.4	32.2	33.9	-14.8

续表

地区	2017 年		2016 年	
	产量	同比增长	产量	同比增长
浙江	40.8	3.9	42.6	3.7
安徽	221.0	12.8	218.5	10.3
福建	46.2	1.4	45.6	11.4
江西	174.2	16.9	161.1	−4.1
山东	870.8	−11.9	959.9	4.5
河南	543.2	−2.9	543.2	2.3
湖北	77.6	10.5	87.5	−9.7
湖南	205.6	−5.2	226.7	−14.4
广东	38.0	5.1	36.3	1.9
广西	230.0	27.4	180.3	14.8
重庆	60.2	8.9	60.9	−9.5
四川	67.8	24.5	54.9	−7.8
贵州	109.3	53.5	96.7	5.8
云南	372.7	4.7	355.5	7.4
陕西	232.6	1.4	229.4	14.9
甘肃	398.6	6.4	374.6	−3.2
青海	238.1	2.7	232.7	0.3
宁夏	132.8	10.6	122.5	−12.9
新疆	663.9	1.8	651.7	8.2

资料来源：Wind 资讯，2018 年 2 月。

二、投资增速进一步放缓

2017 年，有色金属行业固定资产投资规模逐渐缩小，投资增速继续放缓。全年有色金属行业完成固定资产投资 6147.5 亿元，同比下降 6.9%，降幅同比扩大 0.2 个百分点。有色金属行业固定资产投资增速远远低于全社会固定资产投资增速，全国固定资产投资（不含农户）同比增长 7.0%。有色金属矿采选业完成固定资产投资 1109.1 亿元，同比减少 −21.3%，比上年降低 11 个百分点；有色金属冶炼及压延加工业完成投资 5038.4 亿元，同比减少

3.0%，比上年同期增加2.8个百分点。

图5-2　2003—2017年有色金属采矿业固定资产投资情况

来源：国家统计局，2018年1月。

图5-3　2003—2017年有色金属冶炼及压延加工业固定资产投资情况

资料来源：国家统计局，2018年1月。

三、铜铝铅锌价格同比大幅上涨

铜价格长期波动后大幅上涨。1—6月，铜价44710—50260元/吨波动，上半年平均价格为46864元/吨。下半年铜价格大幅上涨至12月底的全年最高价56110元/吨。全年均价为45912元/吨，同比上涨19.8%。

———期货收盘价（连三）：阴极铜

图 5 - 4　2016—2017 年阴极铜价格走势（元/吨）

资料来源：上海期货交易所，2018 年 1 月。

———期货收盘价（连三）：铝

图 5 - 5　2016—2017 年铝价格走势（元/吨）

资料来源：上海期货交易所，2018 年 1 月。

　　铝价格迅速上涨并震荡维持，之后急剧下跌并小幅回升。2017 年 1 月初沪铝三月期铝处于全年最低价 12570 元/吨，2 月中旬迅速突破 14000 元/吨；至 7 月间，铝价在 13600—14600 元/吨的价格区间宽幅震荡，最高涨至 4 月 18 日的 14615 元/吨后有所回落；8 月初铝价大幅上涨，中旬突破 16000 元/吨后，在 16000—17000 元/吨的价格区间宽幅震荡，最高涨至 9 月 20 日的

17180 元/吨；11 月初铝价急速回落，降至 12 月 7 日的 14305 元/吨低点，随后小幅回升至年底的 14280 元/吨；全年均价为 14800.4 元/吨，同比上涨 22.2%。

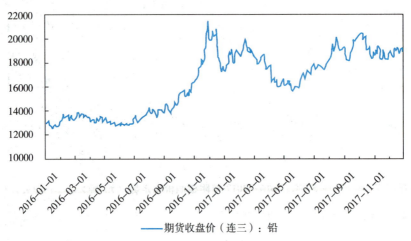

图 5 – 6　2016—2017 年铅价格走势（元/吨）

资料来源：上海期货交易所，2018 年 1 月。

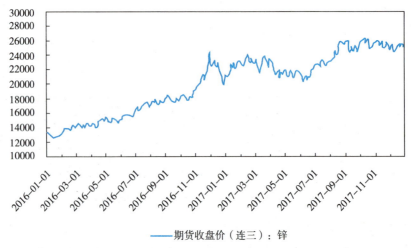

图 5 – 7　2016—2017 年锌价格走势（元/吨）

资料来源：上海期货交易所，2018 年 1 月。

铅价格大幅震荡上涨后平稳。2017 年前三季度，铅价格大幅震荡，从 1 月初的 17260 元/吨快速上涨至 2 月中旬的 19930 元/吨，后持续下降至 5 月中旬的全年最低价 15580 元/吨；随后，铅价格持续震荡上涨至 10 月上旬的全年最高价 20445 元/吨，之后回调至 10 月底的 18330 元/吨，11—12 月，锌价格在 18824 元/吨附近小幅波动。全年均价为 18186.3 元/吨，同比上涨 25.4%。

锌价格持续震荡上涨。从年初的 21025 元/吨上涨到年底的 25680 元/吨，年内最高价为 10 月中旬的 26060 元/吨，全年均价为 23448.6 元/吨，同比上涨 39.7%。

四、行业整体效益持续好转

2017 年，有色金属行业整体盈利进一步好转，实现利润 2551.1 亿元，比上年增加 120.8 亿元。其中，有色金属矿采选业实现利润 527.2 亿元，同比增加 23.5%，销售利润率为 9.95%，较上年增加 2.49 个百分点；有色金属冶炼及压延加工业实现利润 2023.9 亿元，同比增加 28.6%，销售利润率为 3.67%，较上年增加 0.06 个百分点。

表 5-4　2011—2017 年有色金属行业实现利润情况

（单位：亿元,%）

时间	有色金属矿采选业		有色金属冶炼及压延加工业	
	利润	同比增长	利润	同比增长
2011 年	775.5	52.3	1713.5	51.3
2012 年	764.4	-0.2	1427.4	-10.4
2013 年	628.0	-17.2	1445.5	0.1
2014 年	563.4	-10.7	1490.0	2.5
2015 年	450.1	-19.3	1348.8	-11.0
2016 年	483.3	9.7	1947.0	42.9
2017 年	527.2	23.5	2023.9	28.6

资料来源：国家统计局，2018 年 1 月。

从亏损情况来看，国家统计局共统计 8889 家企业，其中 1433 家企业亏损，亏损面为 16.1%，较上年下降 0.9 个百分点；其中有色金属矿采选业亏损面为 17.3%，较上年下降 4.0 个百分点，亏损额为 34.3 亿元，较上年减少

13.0 亿元；有色金属冶炼及压延加工业亏损面为 15.8%，较上年持平，亏损额为 230.8 亿元，较上年减少 12.4 亿元。

表5–5　2011—2017 年有色金属行业亏损情况

（单位：个，亿元）

时间	有色金属矿采选业			有色金属冶炼及压延加工业		
	企业总数	亏损企业数	亏损额	企业总数	亏损企业数	亏损额
2011 年	2045	135	7.0	6629	878	136.1
2012 年	2122	223	17.0	6746	1222	306.5
2013 年	2108	295	29.5	7168	1281	322.5
2014 年	2037	321	33.9	7236	1294	378.7
2015 年	1949	435	58.9	7321	1520	507.8
2016 年	1797	381	47.3	7176	1132	243.2
2017 年	1674	290	34.3	7215	1143	230.8

资料来源：国家统计局，2018 年 1 月。

五、铜铝铅锌产品进出口表现不一

（一）分品种情况

铜：2017 年，我国主要铜产品出口逆转，精炼铜、未锻造铜及铜合金、未锻造铜及铜材出口量减少。其中，出口精炼铜 33.8 万吨，同比减少 20.7%，而上年同比增加 100.9%；出口未锻造的铜及铜合金 33.8 万吨，同比减少 21.1%，而上年同比增加 96.2%；出口未锻造的铜及铜材 81.6 万吨，同比减少 7.4%，而上年同比增加 28.7%。主要进口铜产品情况差异较大，精炼铜、未锻造铜及铜合金、未锻造铜及铜材进口量大幅减少，铜矿砂及精矿进口增速放缓，废铜进口量增加。其中，进口精炼铜 324.4 万吨，同比减少 10.6%；进口未锻造的铜及铜合金 411.0 万吨，同比减少 6.3%；进口未锻造的铜及铜材 469.0 万吨，同比减少 5.2%；进口铜矿砂及精矿 1735.0 万吨，同比增长仅 2.3%，远低于上年 28.2% 的增长水平；进口废铜 355.7 万吨，同比增长 6.2%。

表5-6　2016—2017年铜产品进出口情况（单位：万吨，%）

品种	出口				进口			
	2016年		2017年		2016年		2017年	
	总量	增长率	总量	增长率	总量	增长率	总量	增长率
铜矿砂及精矿	0.04	—	0.002	—	1696.3	28.2	1735.0	2.3
精炼铜	42.6	100.9	33.8	-20.7	362.9	-1.3	324.4	-10.6
未锻造的铜及铜合金	42.9	96.2	33.8	-21.1	439.0	3.3	411.0	-6.3
未锻造的铜及铜材	88.1	28.7	81.6	-7.4	495.0	2.9	469.0	-5.2
铜材	45.2	-3.0	47.8	5.7	56.2	-0.2	58.2	3.4
废铜	20.6	29.6	34.2	66	334.8	-8.5	355.7	6.2

资料来源：海关总署、赛迪智库原材料工业研究所整理，2018年1月。

铝：2017年，我国主要出口的铝产品出口量增加。出口未锻造的铝及铝材479.0万吨，同比增长4.5%，上年同期为下降3.7%；出口铝材424.0万吨，同比增长4.1%，上年同期为下降2.9%；出口铝合金53.7万吨，同比增长8.5%。主要进口的铝产品进口增速加快。铝土矿、氧化铝和废铝分别进口6855.5万、286.5万和217.2万吨，同比增长32.4%、-5.3%和13.3%，增速增加近40、20和21个百分点。

表5-7　2016—2017年主要铝产品进出口情况

（单位：万吨，%）

品种	出口				进口			
	2016年		2017年		2016年		2017年	
	总量	增长率	总量	增长率	总量	增长率	总量	增长率
铝土矿	—	—	—	—	5177.9	-7.2	6855.5	32.4
氧化铝	10.4	-64.4	5.57	-47.2	302.6	-35.0	286.5	-5.3
原铝	1.7	—	1.4	—	19.8	—	11.6	—
铝合金	49.5	-7.5	53.7	8.5	5.8	-18.3	7.0	20.7
未锻造的铝及铝材	458.0	-3.7	479.0	4.5	64.6	-7.2	58.3	-9.8
铝材	407.0	-2.9	424.0	4.1	39.0	-17.3	39.7	1.5
废铝	0.06	—	0.06	—	191.7	-8.1	217.2	13.3

资料来源：海关总署、赛迪智库原材料工业研究所整理，2018年1月。

铅：2017 年，我国铅产品几乎停止出口，氧化铅和精炼铅出口量仅几百吨。铅矿砂及精矿进口量减少 13.2 万吨，达到 127.7 万吨；精炼铅进口量大幅增加，达到 7.8 万吨，而上年同期仅千吨左右。

表 5-8　2016—2017 年铅产品进出口总量及增长情况

（单位：万吨；%）

品种	出口				进口			
	2016 年		2017 年		2016 年		2017 年	
	总量	增长率	总量	增长率	总量	增长率	总量	增长率
铅矿砂及精矿	—	—	—	—	140.9	−25.8	127.7	−9.4
氧化铅	0.05	—	0.06	—				
精炼铅	1.5	−68.8	0.07	−95.3	0.1		7.8	

资料来源：海关总署、赛迪智库原材料工业研究所整理，2018 年 1 月。

锌：2017 年，我国锌产品出口量减少，进口量增加。精炼锌出口量较上年减少 0.6 万吨，达到 1.5 万吨；未锻造的锌（包括锌合金）出口量较上年减少 0.7 万吨，达到 1.6 万吨。锌矿砂及精矿进口量增加 43.7 万吨，达到 243.5 万吨；精炼锌进口量增加 22.1 万吨，达到 64.5 万吨。

表 5-9　2016—2017 年锌产品进出口情况（单位：万吨,%）

品种	出口				进口			
	2016 年		2017 年		2016 年		2017 年	
	总量	增长率	总量	增长率	总量	增长率	总量	增长率
锌矿砂及精矿	—	—	—	—	199.8	−38.3	243.5	21.9
精炼锌	2.1	−78.1	1.5	−28.6	42.4	−21.9	64.5	52.1
未锻造的锌（包括锌合金）	2.3	−76.6	1.6	−27.4	—	—	—	—

资料来源：海关总署、赛迪智库原材料工业研究所整理，2018 年 1 月。

（二）分国别情况

精炼铜：按我国精炼铜出口量情况看，2017 年，出口中国台湾数量达到 11.5 万吨，占出口总量的 35.9%，位居首位；出口韩国数量达到 9.7 万吨，占出口总量的 30.1%，位居次位；出口印度尼西亚数量达到 3.7 万吨，占出口总量的 11.6%，位居第三位；出口马来西亚数量达到 2.9 万吨，占出口总量的 9.1%，位居第四位。从我国精炼铜进口量情况看，智利、印度、哈萨克斯坦、日本位居我国前四精炼铜进口国，进口量分别达到 109.7 万吨、34.5 万吨、19.4 万吨、18.6 万吨，占比分别达到 43.6%、13.7%、7.7%、7.4%。

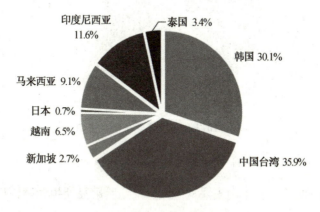

图 5－8　2017 年中国精炼铜分国别及地区出口情况

资料来源：海关总署，2018 年 2 月。

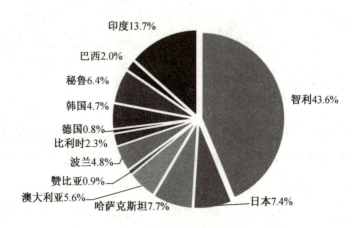

图 5－9　2017 年中国精炼铜分国别进口情况

资料来源：海关总署，2018 年 2 月。

原铝：进口方面，我国原铝进口量约 96000 万吨。马来西亚成为我国最大的原铝进口国，占进口总量的 26.1%；澳大利亚是我国第二大原铝进口国，占进口总量的 16.3%；俄罗斯和印度是我国第三和第四大进口国，占比分别达到 15.2% 和 13.4%；伊朗是我国第五大原铝进口国，占比为 12.6%。

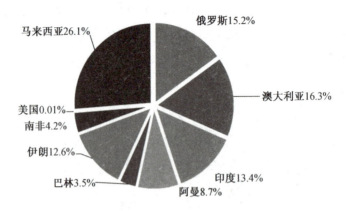

图 5-10   2017 年中国原铝分国别进口情况

资料来源：海关总署，2018 年 2 月。

精炼铅：2017 年，中国主要从澳大利亚、哈萨克斯坦和韩国进口精炼铅，进口量分别达到 3.9 万吨、2.6 万吨、0.3 万吨。

表 5-10   2017 年精炼铅进出口情况   （单位：吨）

出口量		进口量				
中国台湾	韩国	韩国	澳大利亚	哈萨克斯坦	日本	中国台湾
4132.0	1656.0	3461.0	39370.0	26327.0	190.0	122.0

资料来源：海关总署，2018 年 2 月。

精炼锌：2017 年，中国向日本、中国台湾和越南分别出口精炼锌 4176.0、3504.0 和 2502.0 吨。澳大利亚、西班牙、哈萨克斯坦是我国前三精炼锌进口国，进口量分别达到 16.4 万吨、16.1 万吨、11.5 万吨。

表 5-11   2017 年精炼锌进出口情况   （单位：万吨）

出口量				进口量							
日本	中国台湾	新加坡	越南	澳大利亚	纳米比亚	哈萨克斯坦	日本	印度	韩国	墨西哥	西班牙	巴西
0.4	0.4	0.03	0.3	16.4	2.2	11.5	1.1	7.7	5.4	0.6	16.1	1.3

资料来源：海关总署，2018 年 2 月。

第二节　需要关注的几个问题

一、严控电解铝新增产能任务艰巨

2017 年，国内以前所未有的力度对铝行业进行严控产能和严抓环保两大主要工作。出台了《清理整顿电解铝行业违法违规项目专项行动工作方案》（656 号文件）、《京津冀及周边地区 2017 大气污染防治工作方案》（2＋26）和《京津冀及周边执行大气污染物特别排放限值征求意见》等相关文件，有效遏制了电解铝新增产能过快增长的趋势。但电解铝行业持续向好的基础尚不牢固，行业出现好转情况下，企业盲目投资。

二、对美出口环境恶化风险加大

2017 年 1 月 12 日，美国政府就我国的铝补贴问题向世贸组织（WTO）发起新的投诉，指控中国通过廉价的国家定向贷款和能源补贴"人为"扩大其全球市场份额，违反了 WTO 禁止对其他成员国造成"严重损害"的补贴的规定。3 月 29 日，美国商务部对中国产铝箔启动"双反"调查。10 月 27 日，美国商务部初裁中国产铝箔存在所谓倾销行为，将对原产自中国的铝箔进口征收进口关税，税率初步定在 96.81%—162.24%。11 月 28 日，美国商务部对从中国进口的普通合金铝板发起"双反"调查。这一系列贸易保护措施可能加剧我国铝深加工产品出口风险。

三、主要产品价格大涨大落风险依然存在

2017 年 9 月前，因供给收紧、成本上涨影响，电解铝价格大幅上涨；进入 11 月，因电解铝限产力度低于市场预期、下游铝加工企业需求萎缩、国际市场和期货影响市场价格影响，电解铝价格出现急剧下跌。随着电解铝供给侧改革的大力实施及环保要求的日趋严格，铝供给端收缩的预期将进一步加大，鉴于有色金属的金融衍生产品属性，市场过分炒作风险依然存在。

四、行业发展新动能依然不足

当前，新能源汽车快速发展，动力电池需求高涨，带动了锂、钴等有色新材料的发展；汽车排放标准和燃油经济性要求不断提升，高速铁路和轨道交通行业的飞速发展，轻量化用铝持续增长。然而，高端有色材料和新材料所占比例依然不高，部分有色金属精深加工产品仍然依赖进口。这些新亮点和新动能对产业发展仍未带来强大支撑，行业发展内生动力不足。

第六章　建材行业

2017年，我国建材行业整体保持增长态势。主要产品有增有减、行业投资呈现负增长、主要产品价格持续高涨、行业经济效益明显好转、出口形势不容乐观。未来行业发展仍需关注以下问题：化解过剩产能压力不减、需求增长动力减弱、企业竞争压力依然很大、新动能培育不足。

第一节　基本判断

一、主要产品产量有增有减

2017年我国建材行业主要产品产量有增有减，其中水泥产量出现小幅回落，平板玻璃产量小幅回升。

（一）水泥行业

2017年全国累计生产水泥23.2亿吨，同比小幅下降0.2%，受大气环保治理影响，部分工程项目停工，下游需求走弱。

从省市来看，全国仅有9个省份呈现正增长，其余22省份产量均有下跌。其中江苏省全年水泥产量达到1.73亿吨，同比下滑3.67%，居全国首位，广东省以产量1.58亿吨位列第二，同比增4.69%；山东省2017年水泥产量为1.53亿吨，排名第三。从增速来看，全国仅有两个省份增幅超过10%，其中新疆维吾尔自治区以13.39%的增速位列全国第一。其次为宁夏回族自治区，累计增速为11.91%。

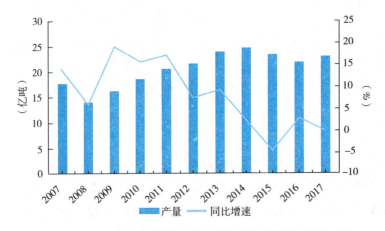

图 6-1 2007—2017 年我国水泥产量及增速走势图（单位:%）

资料来源：Wind 资讯，2018 年 1 月。

表 6-1 2017 年全国产量前五省份水泥产量及增速

排名	省份	产量（亿吨）	增速（%）
1	江苏省	1.73	-3.67
2	广东省	1.58	4.69
3	山东省	1.53	-4.85
4	河南省	1.49	-4.26
5	四川省	1.38	-5.31

资料来源：Wind 资讯，2018 年 1 月。

（二）平板玻璃行业

2017 年全国平板玻璃产量 7.9 亿重量箱，同比增长 3.5%，继续维持了正增长的发展态势，主要原因是化解产能过剩和去库存压力的成效初显。

分省市看，全国共有 14 个省份产量呈现正增长，其中产量排名前三位的分别是河北省、广东省和湖北省，河北 2017 全年平板玻璃产量为 10648.03 万重量箱，同比增长 2.55%。广东省年产量 9147.58 万重量箱位列第二，同比下滑 1.07%；湖北省产量为 8764.88 万重量箱，位于排行榜第三。从增速来看，辽宁省以 110.72% 位居全国首位。其次为河南省，累计增速为 83%。

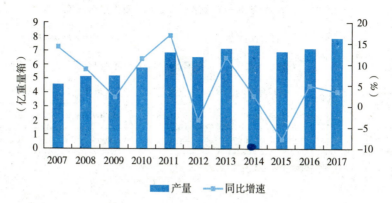

图 6 - 2 2007—2017 年平板玻璃产量及增速情况（单位：亿重量箱，%）

资料来源：国家统计局，2018 年 1 月。

表 6 - 2 2017 年全国产量前五省份玻璃产量及增速

排名	省份	产量（万重量箱）	增速（%）
1	河北省	10648.03	2.55
2	广东省	9147.58	- 1.07
3	湖北省	8764.88	0.78
4	山东省	7232.19	6.45
5	四川省	5568.5	3.83

资料来源：Wind 资讯，2018 年 1 月。

二、行业投资呈现负增长

2017 年，建材行业全行业产能过剩矛盾依然突出，再加上环保力度不断加大，行业投资势头回落，更是出现近十来年的首次负增长。1—12 月，全行业完成固定资产投资共计 18707.4 亿元，同比小幅回落 1.5 个百分点。而上年同期增速为 0.8%。从具体子行业来看，非金属矿采选业完成固定资产投资 1754.6 亿元，同比下降 16.3%，非金属矿物制品业完成固定资产投资 16952.8 亿元，同比增长 1.6%。

表6-3　2017年1—12月建材行业固定资产投资情况

项目	2017年1—12月		2016年1—12月	
	投资额（亿元）	同比	投资额（亿元）	同比
非金属矿采选业	1754.6	-16.3	2126.2	1.6
非金属矿物制品业	16952.8	1.6	16869.3	0.7
合计	18707.4	-1.5	18995.5	0.8

资料来源：国家统计局，2018年1月。

三、主要产品价格持续高涨

2017年水泥、平板玻璃等建材主要产品价格持续高涨，尤其是进入二三季度市场旺季后，价格更是保持了较快上涨势头。

（一）水泥行业

图6-3　2017年全国及部分地区水泥价格走势

资料来源：Wind资讯，2018年1月。

自2017年年初以来，全国水泥市场价格呈现持续上升态势，从1月的309元/吨涨至12月的444元/吨，涨幅达43%。但区域差异表现较为明显，华东地区在需求略增和供给收缩共同作用下，价格一路狂奔，排在全国第一位，水泥均价已经超过 450 元/吨，上海地区 12 月份水泥价格甚至突破 600 元/吨；东北地区因市场较为封闭，价格依然较高，但因下游需求较弱，近期价格涨幅不大。华北、西南、西北等地价格也均有一定上涨，且在进入四季度后涨幅明显增大。

（二）平板玻璃行业

2017 年，平板玻璃价格一路走高，从 1 月的 67 元/重量箱涨至 12 月的 78 元/重量箱，创 2012 年以来最高价。其中前 6 个月同比增速一直保持在 20% 以上。除一季度因为需求淡季的缘故价格有所波动外，整体处于稳定上升的发展趋势。

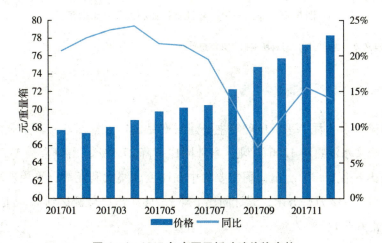

图 6-4　2017 年全国平板玻璃价格走势

资料来源：Wind 资讯，2018 年 1 月。

四、行业经济效益明显好转

2017 年，我国建材行业经济效益明显好转，亏损企业数量及亏损金额同比均出现下降，企业毛利保持上涨。其中规模以上企业实现主营业务收入 61526 亿元，同比增长 9.3%，与上年相比提升 3.9 个百分点；建材行业实现利润总额突破 4006.6 亿元，同比增长 20.5%，与上年相比提升 9.3 个百分点，低于全国工业利润增速（21%）0.5 个百分点。

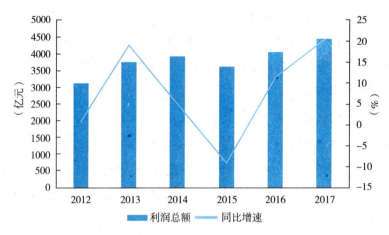

图 6-5　2012—2017 年建材行业利润及同比增速

资料来源：赛迪智库原材料所根据公开信息整理。

五、出口形势不容乐观

2017 年，水泥、平板玻璃等主要建材产品出口大幅回落，其中全国累计出口水泥及水泥熟料 1286 万吨，累计同比下降 27.9%，出口金额 5.78 亿美元，同比下滑 16.3%，出口国主要集中在印度、澳大利亚等；平板玻璃全年累计出口 21032 万平方米，累计同比下降 7.2%，出口金额达到 14.5 亿美元，同比下滑 6.2%。

值得注意的是，在出口形势整体不乐观的情况下，天然石墨出口量达到 34 万吨，同比增长 42.7%，出口金额约为 2.66 亿美元，同比增长 16.3%，其中日本是最大的进口国。因此要警惕我国优势天然矿产资源大量外流。

表 6-4　2017 年主要建材产品出口量及同比

商品名称	出口		较上年同期增幅/%	
	出口数量（万吨）	出口金额（亿美元）	数量	金额
水泥及熟料	1286	5.78	-27.9	-16.3
平板玻璃/万平方米	21032	14.50	-7.2	-6.2
天然石墨	34	2.66	42.7	16.3
家用陶瓷器皿	2342	192.41	-0.2	5.3
花岗岩石材及制品	741	33.94	3.3	-21.2

资料来源：Wind 数据库，2018 年 1 月。

第二节　需要关注的几个问题

一、化解过剩产能压力不减

2017 年国家对水泥、平板玻璃等过剩产能依然加大整治力度，明确要严控这些行业的新增产能，加快退出落后的过剩产能，提高产能利用率，提高行业的整体盈利能力，但由于总体存量太大，以及在建产能的不断释放，2017 年建材行业产能过剩矛盾依然突出。

根据中国水泥研究院统计，截至 2017 年 6 月底，全国仍有水泥企业 3465家。虽然熟料设计产能利用率在 74% 左右，但实际产能利用率仅 68.8%，前十大水泥熟料企业的产能集中度也仅在 55.79% 左右。平板玻璃目前建成未投产、在建、拟建的生产线还有 20 余条，合计产能约 8000 万重量箱，后续新增产能压力依然很大。

二、需求增长动力减弱

建材行业是一个高度依赖宏观经济的周期性行业，我国经济增速的稳中趋缓将对建材产品需求造成一定压力，同时房地产、基建、公共设施建设等投资增速也在不断下滑，下游需求放缓同样给建材产品需求增长带来压力。

从水泥来看，目前我国水泥需求已经达到一个高位平台期，随着投资增速的继续放缓，单位 GDP 的持续递减，再加上经济转型过程中，投资结构的进一步转变，都会造成水泥需求的逐步下滑。预计 2018 年水泥需求将会有所下跌。

三、企业竞争压力依然很大

2017 年水泥、平板玻璃等建材产品价格一路看涨，行业整体效益也不断攀升，但不可否认的是企业竞争压力依然很大。一方面随着环保要求日益趋严，原料、运输、环保等成本持续攀升，其中水泥行业因为成本上涨叠加直接带动熟料成本上涨 30—50 元/吨，平板玻璃成本已经接近 65 元/重箱。二是融资难、融资贵的问题依然难以解决，水泥、平板玻璃等行业属于产能过剩矛盾突出行业，企业很难从银行获得信贷支持，只能通过非银行渠道获取资金支持，不仅增加了融资成本，而且增大了融资风险。

四、新动能培育不足

党的十九大报告明确指出，我国经济发展已经由高速增长转入高质量发展阶段，国际经济发展动能加速转换，建材行业也正处于结构调整、转型升级向纵深转折的关键时期，因此加快建材行业结构调整和转型升级，大力培育新兴产业，是建材行业转型升级的必由之路。但从目前发展现状来看，建材行业新兴产业发展严重不足，一是新兴产业总体规模较小，占建材行业比重较小；二是新兴产业技术支撑不足，如绿色建材、矿物功能材料等产业技术创新不足，难以支撑产业的快速发展；三是产业发展体系未建立，从政策、支持资金、研发投入等方面投入均非常有限，制约了企业发展建材新兴产业的积极性和主动性。同时由于高端技术人才的缺乏，在产品创新、应用推广等方面也存在着诸多的阻碍。

第七章　稀土行业

第一节　基本判断

一、市场供需分析

从供给方面看。2017 年，我国继续实施稀土矿开采总量控制管理和冶炼分离产品生产总量控制计划。4 月和 7 月，工业和信息化部分两批下达 2017 年度稀土矿开采总量控制指标，全国稀土矿（稀土氧化物，REO）开采总量控制指标仍为 10.5 万吨，冶炼分离产品计划指标仍为 10 万吨（稀土氧化物，REO），与之前年度持平。其中，中国北方稀土（集团）高科技股份有限公司稀土矿指标占总数的 56.7%，冶炼分离产品指标占总数的 50%，居全国首位。目前，全国已基本实现矿山开采、冶炼分离及资源综合利用全部纳入六大集团管理。

表 7 - 1　2017 年稀土生产总量控制计划表（折稀土氧化物，吨）

序号	省（区）或 6 家稀土集团	矿产品	冶炼分离产品
一	中国五矿集团公司	2260	5658
二	中国铝业公司	12350	17379
	其中：中国钢研科技集团有限公司	2600	600
三	中国北方稀土（集团）高科技股份有限公司	59500	50084
四	厦门钨业股份有限公司	1940	2663
五	中国南方稀土集团有限公司	26750	14112
	其中：四川江铜稀土参控股企业	17750	6520

续表

序号	省（区）或6家稀土集团	矿产品	冶炼分离产品
六	广东省稀土产业集团有限公司	2200	10104
	其中：中国有色建设股份有限公司	0	3610
	合计	105000	100000

资料来源：工业和信息化部网站，赛迪智库整理，2018年1月。

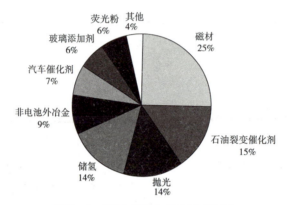

图7-1 2017年稀土行业需求领域

资料来源：赛迪智库原材料工业研究所根据公开资料整理，2018年1月。

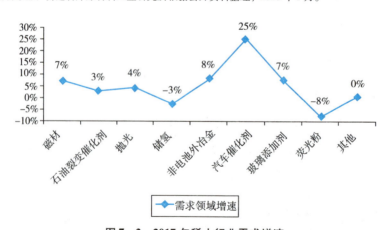

图7-2 2017年稀土行业需求增速

资料来源：赛迪智库原材料工业研究所根据公开资料整理，2018年1月。

从需求方面看。稀土材料的应用领域广泛，下游需求主要包括磁材、各类催化剂、合金、玻璃、陶瓷、添加剂等。其中，磁材占据总需求25%的比重，催化剂、抛光粉、储氢电池等需求占比也超过了10%。综合来看，大多数需求领域都维持低速增长，折合稀土需求也维持低速增长态势。

二、产品价格走势

2017 年，稀土市场在经历 3 年的低迷期后，走出下行通道，大部分稀土产品的价格或温和、或爆发式上涨，部分产品价格接近 2014 年水平。从全年来看，稀土产品价格跌宕起伏，价格走势与铝类似，整体呈现先扬后抑趋势。在政策和需求变化的双重刺激下，前 8 个月，稀土产品价格出现大幅度价格上涨和非理性的炒作行为。其中，涨幅最大的是应用范围广、市场份额大、经济价值较高的镨钕氧化物及金属。稀土综合价格指数从 1000 上涨至 1200 点附近，涨幅达到 20%。

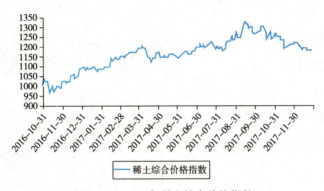

图 7－3　2017 年稀土综合价格指数

资料来源：包头稀土产品交易所，Wind 数据库，赛迪智库整理，2018 年 1 月。

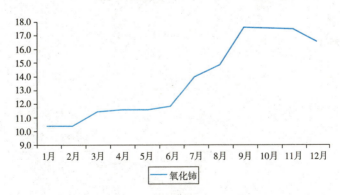

图 7－4　2017 年氧化铈价格变动情况（单位：元/公斤）

资料来源：包头稀土产品交易所，Wind 数据库，赛迪智库整理，2018 年 1 月。

从8月份开始，供需格局失衡，稀土产品价格又开始急转直下，价格一路低落，市场低迷。到目前多数商品价格下跌幅度较大，氧化钇从高位17万元/吨下降至年底的9万元/吨，下降幅度47.1%；钇铁从高位18万元/吨下降至年底的9.9万元/吨，下降幅度44.8%；氧化镝从高位71.7万元/吨下降至年底的42.8万元/吨，下降幅度40.2%。目前，稀土综合价格指数已低于理论合理指数区间150—160点。

从全年来看，19种主要稀土氧化物中，13种价格上涨，4种价格下降，2种价格持平。其中，与2017年初相比，年底涨幅最大的为氧化铈，增长率为60.2%，以下依次为氧化钕，31.3%，氧化镨，29.6%；降幅最大的氧化钇，为20.8%；氧化镱和氧化镥价格持平，没有变化。

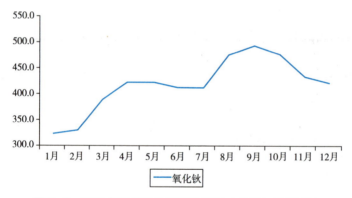

图7-5 2017年氧化钕价格变动情况（单位：元/公斤）

资料来源：包头稀土产品交易所，Wind数据库，赛迪智库整理，2018年1月。

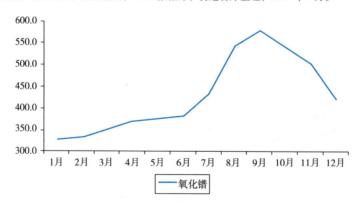

图7-6 2017年氧化镨价格变动情况（单位：元/公斤）

资料来源：包头稀土产品交易所，Wind数据库，赛迪智库整理，2018年1月。

表 7 - 2　2017 年 1—12 月我国具体稀土产品平均价格

（单位：元/公斤）

产品名	纯度	1 月	2 月	3 月	4 月	5 月	6 月
氧化镧	≥99%	14.0	14.0	14.4	14.5	14.5	15.2
氧化铈	≥99%	10.3	10.3	11.3	11.5	11.5	11.7
氧化镨	≥99%	323.0	329.6	345.4	364.4	372.1	378.8
氧化钕	≥99%	259.5	265.3	273.1	285.9	290.0	296.2
氧化钐	≥99.9%	12.0	12.0	12.0	12.0	12.0	13.3
氧化铕	≥99.99%	517.3	458.4	465.0	503.8	660.3	716.8
氧化钆	≥99%	71.0	71.4	73.0	76.2	79.2	81.9
钆铁	≥99% Gd75%±2%	86.0	86.0	86.9	88.8	91.3	93.6
氧化铽	≥99.9%	2869.2	2972.5	3104.6	3362.4	3494.7	3681.8
氧化镝	≥99%	1203.1	1205.6	1225.9	1222.4	1220.0	1199.0
镝铁	≥99% Dy80%	1224.6	1225.6	1249.6	1244.1	1240.0	1224.5
氧化钬	≥99.5%	320.0	327.8	385.2	418.8	420.0	409.8
钬铁	≥99% Ho80%	330.0	337.8	403.9	438.8	440.0	425.5
氧化铒	≥99%	175.0	175.0	175.0	179.4	180.0	180.0
氧化镱	≥99.99%	190.0	190.0	190.0	190.0	190.0	190.0
氧化镥	≥99.9%	5325.0	5325.0	5325.0	5325.0	5325.0	5325.0
氧化钇	≥99.999%	26.5	26.5	26.5	26.5	26.5	26.5
氧化镨钕	≥99% $Nd_2O_3$75%	259.5	268.4	278.5	287.1	295.2	306.3
镨钕金属	≥99%　Nd 75%	338.0	348.6	358.6	370.6	375.8	390.0
产品名	纯度	7 月	8 月	9 月	10 月	11 月	12 月
氧化镧	≥99%	15.5	15.6	16.0	16.0	16.0	15.5
氧化铈	≥99%	13.9	14.8	17.5	17.5	17.4	16.5
氧化镨	≥99%	429.9	540.0	575.8	535.8	500.0	418.7
氧化钕	≥99%	333.6	415.2	465.8	420.8	392.6	318.0
氧化钐	≥99.9%	14.0	14.0	14.0	14.0	14.0	14.0
氧化铕	≥99.99%	689.4	682.4	625.0	529.2	473.1	428.3
氧化钆	≥99%	134.0	135.5	170.0	132.5	100.5	90.0
钆铁	≥99% Gd75%±2%	97.5	164.6	180.0	152.5	125.2	99.3
氧化铽	≥99.9%	3900.0	3975.0	3846.1	3545.8	3151.2	2950.0
氧化镝	≥99%	1203.9	1393.9	1230.3	1175.0	1169.8	1155.0
镝铁	≥99% Dy80%	1222.8	1369.8	1268.7	1175.0	1204.5	1182.0

续表

产品名	纯度	7月	8月	9月	10月	11月	12月
氧化钬	≥99.5%	410.0	473.5	491.8	475.0	431.9	420.0
钬铁	≥99% Ho80%	440.0	472.2	490.0	490.0	441.0	410.0
氧化铒	≥99%	180.0	180.0	180.0	180.0	180.0	180.0
氧化镱	≥99.99%	190.0	190.0	190.0	190.0	190.0	190.0
氧化镥	≥99.9%	5325.0	5325.0	5325.0	5325.0	5325.0	5325.0
氧化钇	≥99.999%	26.5	26.0	25.0	23.2	21.6	21.0
氧化镨钕	≥99% $Nd_2O_3$75%	355.2	457.7	481.8	428.3	376.8	310.3
镨钕金属	≥99% Nd 75%	460.3	583.1	630.0	575.0	479.1	405.3

资料来源：稀土行业协会，赛迪智库整理，2018年1月。

与历史价格相比，2017年，氧化钕、氧化铽、氧化钬、钬铁、氧化镨钕和镨钕金属的平均价格均超过了2014年的平均价格。

表7-3 2014—2017年我国具体稀土产品平均价格比较

（单位：元/公斤）

产品名	2014	2015年	2016年	2017年
氧化镧	18.8	11.5	11.8	15.1
氧化铈	18.3	10.6	10.4	13.7
氧化镨	545.1	330.5	314.2	426.1
氧化钕	303.1	247.1	259.5	334.7
氧化钐	20.2	15.4	14.1	13.1
氧化铕	3453.7	1215.1	586.3	562.4
氧化钆	132.0	69.4	71.7	92.9
钆铁	147.5	84.3	86.0	112.6
氧化铽	3073.4	2865.9	2665.6	3404.4
氧化镝	1617.3	1371.5	1259.3	1217.0
镝铁	1524.0	1412.9	1277.3	1235.9
氧化钬	345.0	220.8	269.7	415.3
钬铁	363.1	232.0	285.0	426.6
氧化铒	310.8	213.3	185.2	178.7
氧化镱	287.5	175.3	190.0	190.0
氧化镥	7681.3	5418.0	5325.0	5325.0
氧化钇	48.2	29.7	26.9	25.2
氧化镨钕	312.9	247.9	258.2	342.0
镨钕金属	401.8	321.4	330.6	442.9

资料来源：根据稀土行业协会数据整理，2018年1月。

全年稀土产品价格呈现先扬后抑的趋势。上半年稀土价格上涨主要为供给侧收紧带来的政策性短缺，需求端变化也导致价格提升。"打黑"力度加大，供需格局骤变；稀土国储收储政策的实施；持续推进产业结构调整和管理；新能源汽车等新兴产业快速发展带来需求提升，这些都进一步促进稀土行业发展。

新能源汽车等新兴产业快速发展带来需求提升。新兴领域对稀土材料需求稳步增长，其中钕铁磁硼磁性材料是重点。随着环保压力的增大以及新能源技术的发展，发展新能源汽车应当是未来的大趋势，并将带动稀土业一大批相关产业的蓬勃发展。特别是对混合动力车、电动汽车、燃料电池汽车来说，小型化大功率的驱动电机是必需的，而现在这些电机又要大量使用稀土。新能源动力汽车一旦渗透率提升，对相关产业的影响力度是前所未有的。以稀土为例，一辆全自动高级轿车约需消耗稀土永磁材料 0.5—3.5kg，而每辆混合动力车要比传统汽车多消耗约 3kg 钕铁硼，每辆纯电动车最多使用 5—10kg 钕铁硼。1000 万辆新能源汽车将带动至少 5 万吨稀土矿开发需求，而目前我国每年的稀土冶炼分离配额也仅 10 万吨。预计新能源汽车到 2020 年有望给钕铁硼生产带来 4500 吨至 7500 吨增量空间。除此之外，高丰度稀土元素应用在钕铁硼磁体中的应用提升，也进一步带动氧化铈价格持续上涨。

三、经济效益分析

根据稀土上市公司已公布的 2017 年三季报，稀土价格上涨带来稀土企业效益普遍改善。6 大稀土集团中的 4 家稀土上市公司均盈利。数据显示，报告期间，北方稀土实现营业收入 70.9 亿元，同比增长 99%，实现利润总额 7.7 亿元，同比增长 302.5%；广晟有色实现营业收入 40.2 亿元，同比增长 84.2%，实现利润总额 0.3 亿元，同比增长 124.9%；厦门钨业实现营业收入 101.4 亿元，同比增长 79.7%，实现利润总额 10.3 亿元，同比增长 220.9%；五矿稀土实现营业收入 6.1 亿元，同比增长 556.1%，实现利润总额 0.5 亿元，同比增长 208.5%。除正海磁材外，其他稀土深加工应用企业则普遍盈利状况较好。其中鼎泰新材所获利润总额为最高。

表7-4 稀土上市公司 2017 年前三季度业绩比较

上市公司	营业收入（万元）	营业收入同比增长（%）	利润总额（万元）	利润总额同比增长（%）
北方稀土	709340.9	99.0	76909.4	302.5
广晟有色	401603.3	84.2	3410.7	124.9
厦门钨业	1014236.4	79.7	102814.1	220.9
五矿稀土	60693.3	556.1	5477.8	208.5
中科三环	277293.4	8.8	31155.9	-13.6
宁波韵升	135249.4	19.9	35563.5	-64.7
正海磁材	74643.6	-33.1	-1870.0	-115.1
银河磁体	37460.4	24.7	17542.8	76.2
鼎立股份	150754.5	-10.3	31589.1	35.7
中钢天源	86043.7	31.6	9625.5	72.1
横店东磁	435671.3	22.8	46962.4	28.6
科恒股份	131983.4	216.7	15082.3	1967.1
鼎泰新材	4982593.9	23.2	488568.3	19.4

资料来源：根据 Wind 上市公司数据整理，2018 年 1 月。

四、进出口贸易情况

从出口数据看，2017 年，我国出口"量增价跌"的局势稍有改观，稀土出口均价提升。2017 年，我国稀土出口量 5.1 万吨，同比增长 9.5%；出口额 4.2 亿美元，同比增长 21.5%；出口均价为 8079.2 美元/吨。2013—2017 年间，中国稀土出口量呈连年增长态势，年均增长率为 26.2%；而出口额则逐渐下降，年均增长率为 -11.7%。2017 年我国稀土出口额从 2013 年以来首次实现正增长。此外，从出口结构看，约 70% 为轻稀土镧和铈类。

总体来看，近年来稀土出口出现"量增价跌"的局势，要破解这一局面，需进一步强化稀土开采源头管理，减少稀土总量控制计划指标量，实施限产保价措施；继续推进稀土产业整合，严厉打击"黑色产业链"；利用包头稀土产品交易所和南交所稀土产品交易中心等平台，推动稀土市场流通秩序的规范。

表7-5　2017年我国主要稀土产品出口量、出口额及出口均价

	出口量（吨）	出口额（万美元）	出口均价（美元/吨）
1 月	4571.0	3213.5	7029.6
2 月	3293.0	2019.7	6132.4
3 月	4694.0	4049.2	8625.4
4 月	5,068.0	4,090.2	8071.4
5 月	4294.0	3439.0	8009.2
6 月	4290.0	3471.0	8091.3
7 月	4353.0	2769.6	6361.8
8 月	4185.0	3267.0	7807.4
9 月	3715.0	3937.6	10598.9
10 月	3467.0	3526.2	10170.8
11 月	4103.0	3878.5	9016.8
12 月	5156.0	3853.5	7478.2
合 计	51189.0	41515.0	8079.2

资料来源：稀土行业协会，Wind 数据库，2018 年 1 月。

表7-6　2017 年 1—11 月我国细分稀土产品出口量　（单位：吨）

2017 年	氧化镨	氧化钕	氧化铈	氧化镧	氧化铕	氧化镝	氧化钇	氧化铽
1 月	4.9	36.9	375.1	1220.4	0.2	12.2	198.3	5.7
2 月	3.3	11.7	237.5	685.6	0.0	2.7	107.1	1.0
3 月	15.1	23.9	337.9	1183.7	0.3	10.9	146.2	9.6
4 月	26.0	26.7	376.7	922.8	0.1	30.1	256.0	7.0
5 月	27.3	51.6	372.6	1338.9	0.6	1.4	234.5	6.2
6 月	12.0	33.7	272.0	1291.7	0.3	6.7	229.4	4.2
7 月	25.7	42.8	213.6	749.8	0.1	3.6	105.6	6.7
8 月	8.3	52.3	283.8	1271.4	0.7	23.5	183.2	3.8
9 月	24.4	42.6	139.9	1280.5	0.7	13.4	245.7	3.6
10 月	28.6	20.9	142.7	474.3	0.1	22.3	102.1	3.1
11 月	10.1	42.1	280.6	875.6	1.2	19.9	205.7	3.7
合 计	185.4	385.2	3032.1	11294.6	4.2	146.7	2013.8	54.5

资料来源：稀土行业协会，Wind 数据库，2018 年 1 月。

图7-7 2012—2017年稀土出口量变动情况（单位：吨）

资料来源：稀土行业协会，Wind 数据库，2018 年 1 月。

图7-8 2012—2017年稀土出口额变动情况（单位：万美元）

资料来源：稀土行业协会，Wind 数据库，2018 年 1 月。

第二节　需要关注的几个问题

一、稀土产品价格应避免大起大落

稀土产品价格的非理性涨跌，给我国稀土下游应用行业发展带来严重影响。上游稀土价格的大幅波动，对下游企业采购原料和成本把控影响较大，而稀土价格的调整又有着较大的炒作和随意性。因此，保持合理的稀土产品价格，避免"过山车"式的价格异动，是保证稀土行业稳定发展的要义。

二、继续严厉打击稀土违法违规行为

"十二五"期间，工信部、国土部等有关部门连续开展打击稀土领域违法违规行为的专项行动；建立稀土产品追溯体系，倒查市场上稀土产品来源，斩断稀土黑利益链；同时，委托行业协会等第三方机构开展稀土违法违规线索调查取证，建立常态化工作机制，并结合稀土企业信用黑名单制度，将企业的违法违规记录纳入全国信用信息共享平台，使之成为企业经营、信贷、上市评价等重要参考因素。

三、进一步深化稀土行业高值利用

稀土永磁材料作为深加工应用发展最为成熟的功能材料之一，是稀土高值利用突破的重点。稀土永磁是支撑产业转型升级的重要战略性材料，处于发展关键期。目前，稀土永磁材料高值应用已取得明显成效。但我国在稀土永磁材料高值化发展方面，仍存在"卡脖子"技术难题、终端应用推广速度缓慢、专利壁垒限制等问题。作为稀土产业高值利用实现突破的重要抓手，稀土永磁材料的研发和产业化急需加快发展步伐，大力推进稀土永磁材料高值利用势在必行。基于此，未来需要制定稀土永磁材料基础研究与技术创新发展规划，出台具有针对性的稀土永磁产业化应用扶持政策，制定稀土永磁应用产品国家标准，加大对稀土永磁产品的金融支持力度。

区域篇

第八章　东部地区

我国东部地区石化行业乙烯、甲醇产量同比下降，甲醇价格震荡上涨；钢铁行业粗钢产量全国占比下降、产品价格震荡上涨；十种有色金属产量全国占比同比下降，铜铝铅锌价格大幅回升；建材行业水泥产量同比下降、平板玻璃产量同比增长，水泥价格持续上涨。

第一节　石化化工行业

一、生产情况

2017 年，东部地区乙烯产量为 1212.7 万吨，同比下降 0.7%；1—7 月苯产量为 341.7 万吨；1—11 月甲醇产量为 981.9 万吨，同比下降 0.7%。

表 8 – 1　2017 年东部地区主要化工产品生产及同比情况

（单位：万吨，%）

地区	乙烯（1—12 月）		苯（1—7 月）		甲醇（1—11 月）	
	产量	同比	产量	同比	产量	同比
北京	79.3	14.0	9.7	22.0	—	—
天津	134.7	—	24.0	0.5	26.2	– 12.9
河北	—	—	46.4	– 10.3	93.2	10.2
辽宁	157.2	– 3.4	37.9	21.0	0.9	– 34.7
上海	201.2	– 3.9	48.9	– 5.1	81.5	0.8
江苏	145.3	– 10.6	33.8	– 10.2	53.3	– 4.9
浙江	144.2	0.2	26.9	22.7	11.4	9.3
福建	—	—	27.0	4.9	12.8	– 16.8
山东	102.6	– 12.4	54.9	– 8.0	579.7	– 0.2
广东	248.2	2.6	22.2	14.1		

续表

地区	乙烯（1—12 月）		苯（1—7 月）		甲醇（1—11 月）	
	产量	同比	产量	同比	产量	同比
海南	—	—	10.0	22.6	122.9	−0.8
东部地区	1212.7	−0.7	341.7	—	981.9	−0.7

资料来源：Wind 资讯，2018 年 2 月。

二、市场情况

2017 年，华东地区煤炭价格指数在 148—161 窄幅震荡。以江苏为例，2017 年，甲醇市场价格由年初的 3090 元/吨，下跌至 5 月的 2275 元/吨，后又震荡上行，最高涨到 3705 元/吨。世界上生产甲醇主要以天然气为原料，而我国主要以煤为原料。因此，甲醇价格受上游煤炭价格影响较大。

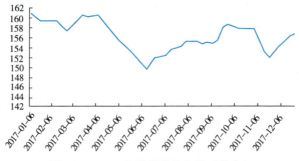

图 8 - 1　2017 年煤炭价格指数（华东）

资料来源：Wind 资讯，2018 年 2 月。

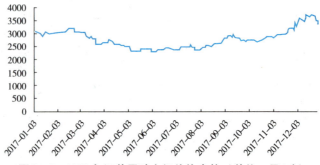

图 8 - 2　2017 年江苏甲醇市场价格走势（单位：元/吨）

资料来源：Wind 资讯，2018 年 2 月。

第二节 钢铁行业

一、生产情况

东部地区是我国钢铁主产区，2017 年 1—11 月生铁、粗钢和钢材产量分别为 41455.9 万吨、48407.2 万吨和 64242.5 万吨，生铁和粗钢同比增速分别为 0.2% 和 1.2%，钢材同比下降 8.8%。2017 年 1—11 月东部地区生铁、粗钢和钢材产量占全国总产量的比重分别为 63.2%、63.3% 和 66.0%，比重较上年同期有所下降。

表 8－2　2017 年 1—11 月东部地区钢铁生产情况

（单位：万吨，%）

地区	生铁		粗钢		钢材	
	产量	同比	产量	同比	产量	同比
北京	/	/	/	/	164.6	11.8
天津	1562.4	4.0	1716.7	5.1	4072.2	-48.8
河北	16780.4	-1.3	17782.3	0.0	22972.9	-5.0
辽宁	5593.3	1.2	5867.9	7.7	5761.6	6.6
上海	1325.7	-9.6	1477.4	-6.5	1887.8	-1.2
江苏	6575.5	-0.2	9590.3	-5.4	11219.5	-9.4
浙江	787.7	1.3	990.1	-16.7	2887.3	-15.0
福建	867.8	-3.4	1708.1	22.9	2482.1	-5.2
山东	6109.0	-0.2	6637.1	2.1	8565.6	-3.9
广东	1854.1	22.5	2636.9	23.5	4227.9	17.1
海南	/	/	0.5	-97.9	1.1	-96.5
东部地区	41455.9	0.2	48407.2	1.2	64242.5	-8.8

资料来源：Wind 资讯，2018 年 1 月。

二、市场情况

2017 年东部地区螺纹钢价格总体震荡上行。以直径为 20mm 的 400MPa

螺纹钢价格为例，2017 年末北京、天津、广州、上海和唐山的价格分别为 4040 元/吨、4070 元/吨、5090 元/吨、4320 元/吨和 4100 元/吨，分别较上年末上涨了 37.4%、38.4%、39.8%、37.1% 和 36.2%。

表 8-3　2017 年东部重点城市 HRB400 20mm 螺纹钢价格

（单位：元/吨）

时间	北京	天津	广州	上海	唐山
2016 年 12 月末	2940	2940	3640	3150	3010
2017 年 1 月末	3150	3160	3570	3230	3290
2017 年 2 月末	3850	3870	4110	3760	3900
2017 年 3 月末	3610	3610	4150	3580	3550
2017 年 4 月末	3410	3380	3790	3380	3300
2017 年 5 月末	3650	3640	4040	3750	3640
2017 年 6 月末	3630	3620	3940	3590	3630
2017 年 7 月末	3740	3740	4060	3850	3750
2017 年 8 月末	3910	3900	4600	4030	3880
2017 年 9 月末	3800	3810	4300	3870	3830
2017 年 10 月末	3810	3840	4380	3930	3900
2017 年 11 月末	4430	4450	4970	4800	4310
2017 年 12 月末	4040	4070	5090	4320	4100

资料来源：Wind 资讯，2018 年 1 月。

2017 年东部地区热轧板卷价格总体呈现震荡上行态势。以 4.75mm 热轧板卷价格为例，2017 年年底价格分别为 4180 元/吨、4170 元/吨、4300 元/吨、4230 元/吨和 4210 元/吨，较上年底分别上涨了 14.5%、14.6%、13.2%、11.9% 和 13.5%。

表 8-4　2017 年东部重点城市 4.75mm 热轧板卷价格

（单位：元/吨）

时间	北京	天津	广州	上海	邯郸
2016 年 12 月末	3650	3640	3800	3780	3710
2017 年 1 月末	3690	3690	3770	3740	3670
2017 年 2 月末	3810	3810	3910	3800	3910
2017 年 3 月末	3330	3330	3390	3310	3510
2017 年 4 月末	3080	3120	3180	3110	3080
2017 年 5 月末	3180	3220	3320	3230	3260
2017 年 6 月末	3540	3540	3650	3500	3580
2017 年 7 月末	3800	3800	3860	3850	3820

时间	北京	天津	广州	上海	邯郸
2017 年 8 月末	4060	4060	4200	4060	4040
2017 年 9 月末	3980	4050	4190	3960	4010
2017 年 10 月末	4030	4030	4120	4020	4050
2017 年 11 月末	4250	4250	4350	4220	4250
2017 年 12 月末	4180	4170	4300	4230	4210

资料来源：Wind 资讯，2018 年 1 月。

第三节　有色行业

一、生产情况

2017 年，东部地区十种有色金属产量较上年减少 81.5 万吨至 1149.7 万吨，占全国总产量的 21.4%，较上年降低 2 个百分点。其中，山东省十种有色金属产量同比减少 11.9%，共计为 870.8 万吨，仍占东部地区总产量的 75.7%，较上年降低 2.3 个百分点。

表 8-5　2017 年东部地区十种有色金属生产情况

（单位：万吨，%）

地区	2017 年		2016 年	
	产量	同比	产量	同比
山东	870.8	-11.9	959.9	4.5
辽宁	98.9	6.9	92.7	0.5
福建	46.2	1.4	45.6	11.4
江苏	43.4	32.2	33.9	-14.8
浙江	40.8	3.9	42.6	3.7
广东	38.0	5.1	36.3	1.9
河北	6.3	-46.8	11.9	-18.4
上海	3.4	-31.5	5.0	12.1
天津	1.9	106.7	3.4	-15.8
东部地区	1149.7	-6.6	1231.3	——

资料来源：Wind 资讯，2018 年 2 月。

二、市场情况

以上海为例，铜价格上半年波动震荡，下半年大幅上涨后有所回落。上半年铜价格在44820—48760元/吨波动；下半年铜价格大幅上涨至10月底的全年最高价55652元/吨，后回调至年底的54720元/吨；全年均价为49110元/吨。

铝价格两次迅速上涨后长期震荡保持，11月初急剧下跌后小幅回升。1月初，铝价格处于全年最低价12670元/吨，2月中旬迅速突破14110元/吨；至7月间，铝价在13868元/吨附近震荡；8月初铝价大幅上涨，中旬突破15780元/吨后，至10月底铝价格在15780—16270元/吨的价格区间震荡；11月初铝价急速回落，降至12月中旬的13920元/吨低点，随后小幅回升至年底的14280元/吨；全年均价为14432元/吨。

铅价格两次大起大落后回升。铅价格从1月初的17800元/吨快速上涨至2月底的19350元/吨，后持续下降至5月中旬的全年最低价15900元/吨；随后，铅价格持续震荡上涨至10月中旬的全年最高价21750元/吨，之后急剧下跌至11月底的18400元/吨后回升至年底的19100元/吨；全年均价为18334元/吨。

锌价格持续震荡上涨。从年初的21105元/吨上涨到年底的25410元/吨，年内最高价为10月中旬的26955元/吨，全年均价为23907元/吨。

图8-3 2016—2017年典型城市铜市场价格（单位：元/吨）

资料来源：Wind资讯，2018年2月。

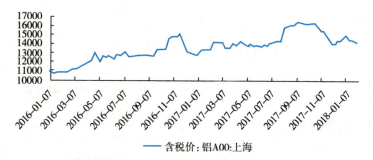

——含税价：铝A00:上海

图 8 – 4　2016—2017 年典型城市铝市场价格（单位：元/吨）

资料来源：Wind 资讯，2018 年 2 月。

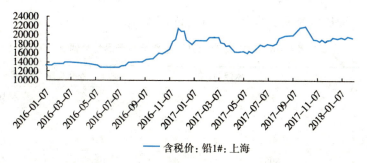

——含税价：铅1#:上海

图 8 – 5　2016—2017 年典型城市铅市场价格（单位：元/吨）

资料来源：Wind 资讯，2018 年 2 月。

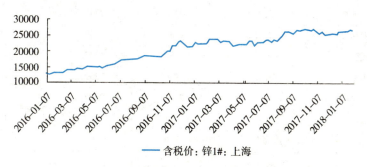

——含税价：锌1#:上海

图 8 – 6　2016—2017 年典型城市锌市场价格（单位：元/吨）

资料来源：Wind 资讯，2018 年 2 月。

第四节　建材行业

一、生产情况

2017 年东部地区水泥产量为 84165.2 万吨，同比下降 1.9％，产量最高的为江苏省（17330.2 万吨），同比增速最快的为广东省（7.7％）；平板玻璃产量为 45112.7 万重量箱，同比增加 1.6％，产量最高的为河北省（10648.0 万重量箱），同比增速最快的为辽宁省（110.7％）。

表 8－6　2017 年东部地区主要建材产品生产情况

区域	水泥/万吨		平板玻璃/万重量箱	
	产量	同比/％	产量	同比/％
北京	374.4	－26.6	52.7	－5.2
天津	418.6	－18.0	3166.9	1.7
河北	8963.5	－8.5	10648.0	2.5
辽宁	3688.3	－3.9	2900.5	110.7
上海	415.7	－0.6	0.0	0.0
江苏	17330.2	－0.6	2745.3	－0.6
浙江	11231.2	4.6	4480.3	－11.0
福建	8444.2	3.5	4739.3	－14.5
山东	15300.0	－2.6	7232.2	6.5
广东	15785.9	7.7	9147.6	1.1
海南	2213.3	－0.7	0.0	0.0
东部地区	84165.2	－1.9	45112.7	1.6

资料来源：Wind 资讯，2018 年 1 月。

二、市场情况

2017 年东部地区水泥价格整体呈现持续上涨的发展态势，其中上海地区价格涨幅最大，12 月份水泥价格较 1 月份水泥价格涨幅近一倍，其他包括河北、江苏、山东、广东等地区的水泥价格涨幅也均在 20% 以上。从水泥价格来看，12 月份价格最高的省份为上海市，价格最低的为河北省。

表 8 - 7　2017 年东部地区水泥价格　　（单位：元/吨）

	北京	天津	河北	上海	江苏	山东	广东
1 月	380	362	332	297	269	325	338
2 月	371	362	332	280	268	324	337
3 月	391	375	336	338	296	328	345
4 月	411	412	360	360	314	332	359
5 月	427	412	363	350	316	336	350
6 月	427	392	361	330	307	330	341
7 月	427	387	352	319	297	330	348
8 月	427	387	359	339	313	336	340
9 月	427	407	358	359	336	340	347
10 月	427	407	359	389	357	348	360
11 月	446	418	398	458	458	499	368
12 月	446	418	399	588	516	509	413

资料来源：Wind 资讯，2018 年 1 月。

第九章　中部地区

我国中部地区石化行业乙烯产量同比增长，甲醇价格震荡上涨；钢铁行业粗钢产量全国占比同比增长、螺纹钢价格震荡上涨、热轧板卷价格呈"N"型走势；十种有色金属产量全国占比基本持平，铜铝铅锌价格大幅上涨；建材行业水泥产量同比下降、平板玻璃同比增长，水泥价格震荡上涨。

第一节　石化化工行业

一、生产情况

2017年，中部地区乙烯产量为201.2万吨，同比增长5.1%；1—7月苯产量为105.1万吨；1—11月甲醇产量为740.7万吨，同比下降5.1%。

表9-1　2017年中部地区化工行业生产情况

（单位：万吨，%）

地区	乙烯（1—12月）		苯（1—7月）		甲醇（1—11月）	
	产量	同比	产量	同比	产量	同比
山西	—	—	12.6	18.2	269.5	5.6
吉林	85.4	5.8	15.5	1.1	0.8	−7.9
黑龙江	115.8	4.6	10.7	−14.1	36.4	−12.6
安徽	—	—	6.7	4.9	77.4	18.1
江西	—	—	2.5	−47.8	—	—
河南	—	—	30.2	27.8	330.7	9.1
湖北	—	—	25.1	18.5	25.9	−2.1
湖南	—	—	1.8	−19.2	—	—
中部地区	201.2	5.1	105.1	—	740.7	−5.1

资料来源：Wind资讯，2018年2月。

二、市场情况

2017 年，华中地区煤炭价格指数由年初的 146.6 窄幅震荡到 146.8。以山西为例，2017 年，甲醇市场价格由年初的 2535 元/吨，震荡上行至年底的 2975 元/吨。

图 9 - 1　2017 年煤炭价格指数（华中）

资料来源：Wind 资讯，2018 年 2 月。

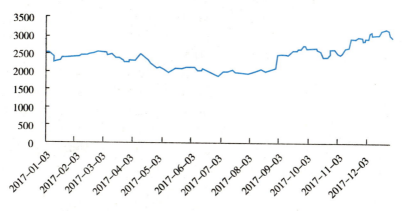

图 9 - 2　2017 年山西甲醇市场价格走势（单位：元/吨）

资料来源：Wind 资讯，2018 年 2 月。

第二节　钢铁行业

一、生产情况

2017 年 1—11 月，中部地区生铁、粗钢和钢材产量分别为 15258.1 万吨、17370.8 万吨和 19825.6 万吨，其中生铁和粗钢产量分别同比增长了 3.0% 和 6.9%，钢材同比下降 0.1%。2017 年 1—11 月中部地区生铁、粗钢和钢材产量占全国总产量的比重分别为 23.3%、22.7% 和 20.4%，分别较上年同期提高了 0.2 个百分点、0.7 个百分点和 1.4 个百分点。

表 9 - 2　2017 年 1—11 月中部地区钢铁生产情况

（单位：万吨，%）

地区	生铁		粗钢		钢材	
	产量	同比	产量	同比	产量	同比
山西	3607.3	7.1	3997.4	10.1	3973.8	0.6
吉林	832.2	7.1	832.9	9.5	940.1	6.1
黑龙江	394.2	21.0	444.7	30.7	373.2	23.5
安徽	2104.3	2.9	2629.7	5.4	2966.2	1.3
江西	1952.0	3.4	2193.4	8.3	2306.2	-1.6
河南	2550.7	-4.3	2790.6	6.5	3947.2	-9.4
湖北	2210.1	3.4	2626.2	-3.3	3276.8	0.8
湖南	1634.4	-0.2	1855.9	11.4	2042.0	12.5
中部地区	15285.1	3.0	17370.8	6.9	19825.6	-0.1

资料来源：Wind 资讯，2018 年 1 月。

二、市场情况

总体来看，2017 年中部地区螺纹钢价格震荡上行。以直径为 20mm 的 400MPa 螺纹钢价格为例，2017 年末武汉、合肥、长沙、郑州和太原的价格分别为 4280 元/吨、4530 元/吨、4680 元/吨、4220 元/吨和 4250 元/吨，分别较上年末上涨了38.5%、33.6%、30.4%、25.6%和30.4%。

表9-3　2017年中部重点城市HRB400 20mm螺纹钢价格

（单位：元/吨）

时间	武汉	合肥	长沙	郑州	太原
2016年12月末	3090	3390	3590	3360	3260
2017年1月末	3190	3450	3640	3380	3300
2017年2月末	3800	4060	4210	4090	3840
2017年3月末	3620	3970	3920	3770	3660
2017年4月末	3430	3710	3730	3500	3500
2017年5月末	3750	3910	3940	3900	3970
2017年6月末	3640	3920	3840	3920	3950
2017年7月末	3870	4180	4150	3980	4020
2017年8月末	4030	4420	4390	4140	4110
2017年9月末	4010	4240	4400	4030	4040
2017年10月末	3930	4250	4320	4080	4050
2017年11月末	4700	4960	4880	4820	4520
2017年12月末	4280	4530	4680	4220	4250

资料来源：Wind资讯，2018年1月。

2017年中部地区热轧板卷价格呈"N"型走势。1月和2月中部地区热轧卷板价格震荡上行，进入3月，价格出现回调，并在4月份出现年内低点。4月下旬价格开始出现反弹，出现新一轮震荡上行，并在12月份出现年内高点。总体来看，2017年中部地区热轧板卷价格较上年年底有所上涨。以4.75mm热轧板卷价格为例，12月末武汉、合肥、长沙、郑州和太原的热轧板卷价格分别为4350元/吨、4500元/吨、4480元/吨、4310元/吨和4250元/吨，较年初分别上涨了16.6%、16.3%、17.3%、15.9%和13.3%。

表9-4　2017年中部重点城市4.75mm热轧板卷价格

（单位：元/吨）

时间	武汉	合肥	长沙	郑州	太原
2016年12月末	3730	3870	3820	3720	3750
2017年1月末	3740	3980	3800	3740	3780
2017年2月末	3840	4050	4010	3920	3900
2017年3月末	3490	3680	3650	3480	3430
2017年4月末	3070	3240	3250	3180	3080
2017年5月末	3160	3430	3420	3320	3210

续表

时间	武汉	合肥	长沙	郑州	太原
2017 年 6 月末	3490	3700	3700	3620	3500
2017 年 7 月末	3820	3940	3890	3850	3720
2017 年 8 月末	4060	4210	4150	4100	4120
2017 年 9 月末	4000	4200	4150	4040	4060
2017 年 10 月末	4050	4200	4120	4080	4120
2017 年 11 月末	4220	4400	4320	4330	4270
2017 年 12 月末	4350	4500	4480	4310	4250

资料来源：Wind 资讯，2018 年 1 月。

第三节　有色行业

一、生产情况

2017 年，中部地区十种有色金属产量较上年增加 9.0 万吨至 1366.3 万吨，占中国总产量的 25.4%，较上年略微降低 0.3 个百分点。其中，河南省十种有色金属产量同比减少 2.9%，共计为 543.2 万吨，占东部地区总产量的 39.8%，较上年基本持平。

表 9-5　2017 年中部地区十种有色金属生产情况

（单位：万吨，%）

地区	2017 年		2016 年	
	产量	同比	产量	同比
河南	543.2	-2.9	543.2	2.3
安徽	221.0	12.8	218.5	10.3
湖南	205.6	-5.2	226.7	-14.4
江西	174.2	16.9	161.1	-4.1
山西	132.1	9.7	120.5	23.4

续表

地区	2017 年		2016 年	
	产量	同比	产量	同比
湖北	77.6	10.5	87.5	-9.7
吉林	12.6	7702.9	0.16	2.0
黑龙江	0.03	-33.8	0.04	-55.8
中部地区	1366.3		1357.3	—

资料来源：Wind 资讯，2018 年 2 月。

二、市场情况

以郑州为例，2017 年，上半年铜价格在 44990—48810 元/吨之间震荡，下半年铜价格大幅上涨至 10 月底的全年最高价 55640 元/吨，后回调至年底的 54680 元/吨，全年均价为 49168 元/吨。

铝价格两次迅速上涨后长期震荡保持，11 月初急剧下跌后小幅回升。1 月初，铝价格处于全年最低价 12740 元/吨，2 月中旬迅速突破 14130 元/吨；至 7 月间，铝价在 13888 元/吨附近震荡；8 月初铝价大幅上涨，中旬突破 15870 元/吨后，至 10 月底铝价格在 15870—16390 元/吨的价格区间震荡；11 月初铝价急速回落，降至 12 月中旬的 13970 元/吨低点，随后小幅回升至年底的 14280 元/吨；全年均价为 14410 元/吨。

铅价格两次大起大落后回升。铅价格从 1 月初的 18150 元/吨快速上涨至 2 月底的 19550 元/吨，后持续下降至 5 月中旬的全年最低价 15900 元/吨；随后，铅价格持续震荡上涨至 10 月中旬的全年最高价 21850 元/吨，之后急剧下跌至 11 月底的 18150 元/吨后回升至年底的 19200 元/吨；全年均价为 18429 元/吨。

锌价格持续震荡上涨。从年初的 21400 元/吨上涨到年底的 25410 元/吨，年内最高价为 10 月中旬的 26930 元/吨，全年均价为 23919 元/吨。

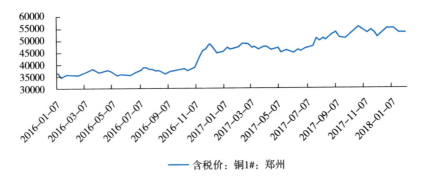

含税价：铜1#：郑州

图9-3　2016—2017年典型城市铜市场价格（单位：元/吨）

资料来源：Wind资讯，2018年2月。

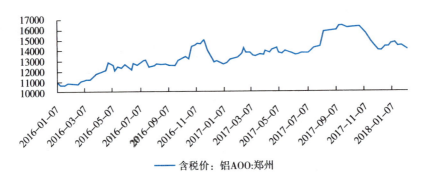

含税价：铝AOO:郑州

图9-4　2016—2017年典型城市铝市场价格（单位：元/吨）

资料来源：Wind资讯，2018年2月。

含税价：铅1#:郑州

图9-5　2016—2017年典型城市铅市场价格（单位：元/吨）

资料来源：Wind资讯，2018年2月。

含税价：锌1#:郑州

图9-6　2016—2017年典型城市锌市场价格（单位：元/吨）

资料来源：Wind资讯，2018年2月。

第四节　建材行业

一、市场情况

2017年中部地区水泥产量为69153.9万吨，同比下降4.7%，产量最高的为河南省（14938.7万吨），同比增速最快的为安徽省（7.3%）；平板玻璃产量为20109.2万重量箱，同比增加5.0%，产量最高的为湖北省（8764.9万重量箱），同比增速最快的为河南省（59.9%）。

表9-6　2017年中部地区主要建材产品生产情况

区域	水泥/万吨		平板玻璃/万重量箱	
	产量	同比/%	产量	同比/%
山西	3506.0	-2.3	1702.6	3.3
吉林	2992.1	-9.6	858.0	20.3
黑龙江	2361.4	-20.0	402.9	0.6
安徽	13394.2	7.3	3769.5	9.3
江西	8934.1	-0.1	0.0	0
河南	14938.7	-2.6	2050.5	59.9
湖北	11107.0	0.7	8764.9	4.5

续表

区域	水泥/万吨		平板玻璃/万重量箱	
	产量	同比/%	产量	同比/%
湖南	11920.4	0.6	2560.7	−6.5
中部地区	69153.9	−4.7	20109.2	5.0

资料来源：Wind 资讯，2018 年 1 月。

二、市场情况

2017 中部地区水泥价格整体呈现震荡上扬的发展态势，其中安徽地区价格涨幅最大，12 月份水泥价格较 1 月份涨幅高达 77.6%，其他江西、河南、湖北、湖南等地的水泥价格涨幅也均在 30% 以上。从水泥价格来看，价格最高的省份为河南省，价格最低为山西省。

表 9 − 7   2017 年中部地区水泥价格   （单位：元/吨）

	山西	黑龙江	安徽	江西	河南	湖北	湖南
1 月	264	352	272	293	376	311	295
2 月	267	354	273	267	362	314	290
3 月	282	359	297	266	350	318	284
4 月	301	366	316	278	348	314	275
5 月	299	404	327	322	363	314	289
6 月	296	386	299	321	348	315	279
7 月	296	407	299	298	338	314	281
8 月	298	407	305	293	338	313	271
9 月	300	405	320	337	361	326	322
10 月	306	405	346	363	383	354	333
11 月	317	403	399	400	473	403	385
12 月	336	403	483	467	513	490	426

资料来源：Wind 资讯，2018 年 1 月。

第十章　西部地区

我国西部地区石化行业乙烯、甲醇产量同比增长，甲醇价格震荡上涨；钢铁行业粗钢产量全国占比增加、螺纹钢和热轧板卷板价格震荡上涨；十种有色金属产量全国占比增加，铜铝铅锌价格大幅上涨；建材行业水泥产量同比下降、平板玻璃小幅增加，水泥价格震荡上涨。

第一节　石化化工行业

一、生产情况

2017 年，西部地区乙烯产量为 196.2 万吨，同比增长 7.5%；1—10 月苯产量为 39.4 万吨；1—11 月甲醇产量为 2456.2 万吨，同比增长 14.1%。

表 10–1　2017 年西部地区化工行业生产情况

（单位：万吨,%）

地区	乙烯（1—12 月）		苯（1—10 月）		甲醇（1—11 月）	
	产量	同比	产量	同比	产量	同比
内蒙古	—	—	10.7	-4.5	752.4	12.4
广西	—	—		—	12.2	-16.0
重庆	—	—	5.1	6.4	211.6	1.0
四川	—	—	0.9	-62.7	40.2	441.2
贵州	—	—	0.7	60.7	32.8	-32.3
云南	—	—	1.3	23.0	31.1	-6.2
西藏	—	—	—	—	—	—
陕西	—	—		—	493.6	-3.4
甘肃	64.0	23.7	8.3	-10.5	57.1	50.8

续表

地区	乙烯（1—12月）		苯（1—10月）		甲醇（1—11月）	
	产量	同比	产量	同比	产量	同比
青海	—	—	—	—	113.2	63.7
宁夏	—	—	—	—	584.9	21.4
新疆	132.2	1.0	12.4	34.4	127.1	-2.0
西部地区	196.2	7.5	39.4	-10.5	2456.2	14.1

资料来源：Wind 资讯，2018 年 2 月。

二、市场情况

2017 年，西部地区煤炭价格指数由年初的 170 左右震荡上行后下跌到 162 左右，之后先扬后抑，年底至 163 左右。以内蒙古为例，2017 年，甲醇市场价格由年初的 2425 元/吨，震荡上行至年底的 2990 元/吨。

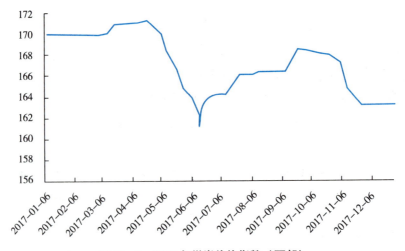

图 10 - 1　2017 年煤炭价格指数（西部）

资料来源：Wind 资讯，2018 年 2 月。

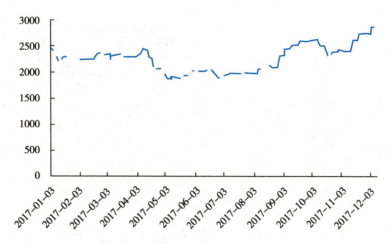

图 10 - 2　2017 年内蒙古甲醇市场价格走势（单位：元/吨）

资料来源：Wind 资讯，2018 年 2 月。

第二节　钢铁行业

一、生产情况

2017 年 1—11 月，西部地区生铁、粗钢和钢材产量分别为 8873. 3 万吨、10488. 1 万吨和 13230. 1 万吨，生铁和粗钢分别同比增长了 9. 7% 和 6. 8% ，钢材同比下降了 5. 1% 。2017 年 1—11 月西部地区生铁、粗钢和钢材产量占全国总产量的比重分别为 13. 5% 、13. 7% 和 13. 6% ，分别较上年同期提高了 0. 9 个百分点、0. 4 个百分点和 0. 2 个百分点。

表 10 - 2　2017 年 1—11 月西部地区钢铁生产情况

（单位：万吨，%）

地区	生铁		粗钢		钢材	
	产量	同比	产量	同比	产量	同比
内蒙古	1399. 0	3. 5	1793. 8	8. 6	1822. 0	- 1. 5
广西	1190. 2	8. 1	2059. 8	7. 5	3019. 3	- 8. 7
重庆	344. 2	29. 0	367. 6	19. 5	864. 7	- 23. 7

续表

地区	生铁		粗钢		钢材	
	产量	同比	产量	同比	产量	同比
四川	1692.3	6.8	1796.6	7.4	2214.9	−15.0
贵州	323.0	−4.5	396.3	−15.1	447.7	−5.7
云南	1198.3	1.9	1367.3	4.9	1450.3	−4.6
陕西	1036.1	32.5	1074.2	27.5	1267.0	12.2
甘肃	403.9	−12.1	497.3	−16.1	618.9	−2.4
青海	89.7	1.6	106.3	4.7	114.6	2.6
宁夏	178.4	21.9			206.5	32.2
新疆	1018.2	28.1	1028.9	26.8	1204.3	18.0
西部地区	8873.3	9.7	10488.1	6.8	13230.1	−5.1

资料来源：Wind资讯，2018年1月。

二、市场情况

2017年西部地区螺纹钢价格震荡上行。以直径为20mm的400MPa螺纹钢价格为例，2017年年末重庆、成都、贵阳、昆明、西安、兰州和乌鲁木齐的价格分别为4520元/吨、4580元/吨、4790元/吨、5190元/吨、4170元/吨、4410元/吨和4360元/吨，较上年同期分别增长41.7%、40.9%、40.1%、31.4%、27.1%、21.5%和27.9%。

表10-3　2017年西部重点城市HRB400 20mm螺纹钢价格

（单位：元/吨）

时间	重庆	成都	贵阳	昆明	西安	兰州	乌鲁木齐
2016年12月末	3190	3250	3420	3950	3280	3630	3410
2017年1月末	3420	3530	3550	3910	3360	3600	3410
2017年2月末	4100	4090	4110	4350	3810	4050	3720
2017年3月末	3810	3840	4020	4290	3660	3770	3750
2017年4月末	3690	3760	3810	4090	3400	3410	3360
2017年5月末	4080	4140	4120	4440	3900	3900	3700
2017年6月末	3870	3960	3990	4400	3940	3970	3620
2017年7月末	4080	4100	4170	4400	4030	4200	3880
2017年8月末	4150	4130	4360	4640	4090	4210	4460

时间	重庆	成都	贵阳	昆明	西安	兰州	乌鲁木齐
2017 年 9 月末	4100	4020	4230	4560	3990	4160	4190
2017 年 10 月末	4060	4010	4220	4570	3910	3930	3700
2017 年 11 月末	4830	4770	4870	5040	4580	4420	4060
2017 年 12 月末	4520	4580	4790	5190	4170	4410	4360

资料来源：Wind 资讯，2018 年 1 月。

2017 年西部地区热轧板（卷）价格先是经历 1 月和 2 月的价格小幅震荡，进入 3 月价格开始下行，并在 4 月中下旬出现年内最低点，此后价格震荡上行，在 12 月中旬出现年内最高点。总体来看，2017 年年末西部地区热轧板（卷）价格高于上年同期价格。以 4.75mm 热轧板（卷）价格为例，2017 年底，重庆、成都、昆明、西安和兰州的价格分别为 4590 元/吨、4580 元/吨、4630 元/吨、4280 元/吨和 4400 元/吨，分别较上年增长 15.3%、15.7%、11.6%、18.2% 和 14.3%。

表 10 - 4　2017 年西部重点城市 4.75mm 热轧板（卷）价格

（单位：元/吨）

时间	重庆	成都	昆明	西安	兰州	乌鲁木齐
2016 年 12 月末	3980	3960	4150	3620	3850	3900
2017 年 1 月末	4130	4100	4200	3810	3700	3800
2017 年 2 月末	4130	4150	4250	3960	3950	3980
2017 年 3 月末	3690	3750	3850	3630	3730	3870
2017 年 4 月末	3340	3430	3430	3110	3300	3420
2017 年 5 月末	3500	3530	3650	3230	3450	3610
2017 年 6 月末	3640	3700	3890	3670	3550	3780
2017 年 7 月末	3900	3910	4060	3850	3900	4150
2017 年 8 月末	4110	4130	4440	4080	4200	4500
2017 年 9 月末	4140	4190	4290	4060	4280	4450
2017 年 10 月末	4190	4300	4380	4230	4320	4440
2017 年 11 月末	4410	4430	4520	4320	4350	4370
2017 年 12 月末	4590	4580	4630	4280	4400	4480

资料来源：Wind 资讯，2018 年 1 月。

<h1 style="text-align:center">第三节　有色行业</h1>

一、生产情况

2017 年，西部地区十种有色金属产量较上年增加 167.6 万吨至 2861.0 万吨，占全国总产量的 53.2%，较上年增加 2.2 个百分点。其中，新疆十种有色金属产量位居西部首位，共计 663.9 万吨，同比增长 1.8%，占西部地区十种有色金属总产量的 23.2%。贵州、广西、四川、宁夏等省份增长速度较快。

表 10 - 5　2017 年西部地区十种有色金属生产情况

（单位：万吨，%）

地区	产量	同比
新疆	663.9	1.8
甘肃	398.6	6.4
云南	372.7	4.7
内蒙古	355.0	6.8
青海	238.1	2.7
陕西	232.6	1.4
广西	230.0	27.4
宁夏	132.8	10.6
贵州	109.3	53.5
四川	67.8	24.5
重庆	60.2	8.9
西藏	0	0
西部地区	2464.8	6.2

资料来源：Wind 资讯，2018 年 2 月。

二、市场情况

以西安为例，2017 年，铜价格上半年在 44850—48710 元/吨波动，进入下半年铜价格大幅上涨至 10 月底的 55650 元/吨，后回调至年底的 54650 元/吨，全年均价为 49033 元/吨。

铝价格两次迅速上涨后长期震荡保持，11 月初急剧下跌后小幅回升。1 月初，铝价格处于全年最低价 12650 元/吨，2 月中旬迅速突破 14120 元/吨；至 7 月间，铝价在均价 13810 元/吨附近震荡；8 月初铝价大幅上涨，中旬突破 15740 元/吨后，至 10 月底铝价格在 15780—16380 元/吨的价格区间震荡；11 月初铝价急速回落，降至 12 月中旬的 13960 元/吨低点，随后小幅回升至年底的 14280 元/吨；全年均价为 14410 元/吨。

铅价格两次大起大落后回升。铅价格从 1 月初的 17650 元/吨快速上涨至 2 月底的 18900 元/吨，后持续下降至 5 月的全年最低价 15680 元/吨；随后，铅价格持续震荡上涨至 10 月中旬的全年最高价 21750 元/吨，之后急剧下跌至 11 月底的 18250 元/吨后回升至年底的 19000 元/吨；全年均价为 18233 元/吨。

锌价格持续震荡上涨，从年初的 21060 元/吨上涨到年底的 25650 元/吨，年内最高价为 10 月中旬的 26900 元/吨，全年均价为 23846 元/吨。

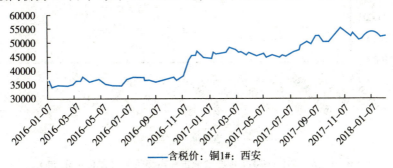

图 10 - 3　2016—2017 年典型城市铜市场价格（单位：元/吨）

资料来源：Wind 资讯，2018 年 2 月。

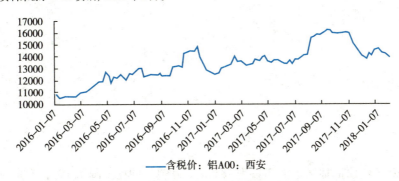

图 10 - 4　2016—2017 年典型城市铝市场价格（单位：元/吨）

资料来源：Wind 资讯，2018 年 1 月。

图 10-5 2016—2017年典型城市铅市场价格（单位：元/吨）

资料来源：Wind 资讯，2018年1月。

图 10-6 2016—2017年典型城市锌市场价格（单位：元/吨）

资料来源：Wind 资讯，2018年1月。

第四节 建材行业

一、生产情况

2017年西部地区水泥产量为78305.7万吨，同比下降4.4%，产量最高的为四川省（13810.0万吨），同比增速最快的为宁夏回族自治区（11.8%），同比降幅最大的为内蒙古自治区（25.7%）；平板玻璃产量为13801.6万重量箱，同比小幅增加 1.2%，产量最高的为四川省（5568.5 万重量箱），同比增速最快的为青海省（55.5%），同比降幅最大的为广西（46%）。

表 10 − 6　2017 年西部地区主要建材产品生产情况

区域	水泥/万吨		平板玻璃/万重量箱	
	产量	同比/%	产量	同比/%
内蒙古	3045.3	− 25.7	988.4	− 1.3
广西	12179.4	2.0	280.9	− 46.0
重庆	6370.9	0.9	1448.5	0.0
四川	13810.0	− 4.0	5568.5	3.7
贵州	11356.5	8.2	1504.0	49.0
云南	11292.9	2.7	293.9	− 19.4
西藏	642.1	5.9	0.0	0.0
陕西	7476.1	− 1.7	2157.3	5.1
甘肃	4009.4	− 10.7	515.9	− 14.2
青海	1449.5	− 11.2	304.4	55.5
宁夏	2177.7	11.8	0.0	0.0
新疆	4495.9	10.4	740.0	6.9
西部地区	78305.7	− 4.4	13801.6	1.2

资料来源：Wind 资讯，2018 年 1 月。

二、市场情况

2017 年西部地区水泥价格整体呈现震荡上扬的发展态势，但总体涨幅较东部和中部地区稍弱。其中重庆市价格涨幅最大，12 月份水泥价格较 1 月份涨幅高达 52.8%，其他广西、四川、陕西等涨幅也均在 20% 以上，从水泥价格来看，价格最高的省份为重庆市，价格最低的为内蒙古自治区。

表 10 − 7　2017 年西部地区水泥价格　　　（单位：元/吨）

	内蒙古	广西	重庆	四川	贵州	云南	陕西	甘肃	新疆
1 月	231	299	284	312	347	329	292	293	328
2 月	232	300	285	313	339	331	296	298	330
3 月	232	297	287	306	343	339	305	315	330

续表

	内蒙古	广西	重庆	四川	贵州	云南	陕西	甘肃	新疆
4 月	250	293	284	312	335	341	311	321	330
5 月	250	290	272	307	323	343	307	322	330
6 月	262	301	270	279	312	327	299	319	332
7 月	253	297	280	338	306	327	331	317	330
8 月	256	295	289	331	319	323	331	306	330
9 月	256	322	306	330	319	342	329	306	333
10 月	260	321	323	318	315	342	336	304	333
11 月	258	323	321	325	338	353	361	324	332
12 月	258	359	434	410	384	370	397	344	367

资料来源：Wind 资讯，2018 年 1 月。

园 区 篇

第十一章 乌海煤化工产业集聚区

第一节 发展现状

内蒙古乌海市有焦炭生产企业 13 户，其中海勃湾区 5 户，海南区 7 户，乌达区 1 户；生产产能 1800 万吨，全部通过工信部行业准入，建成未投产 1 户，生产能力 100 万吨，焦炭产能占自治区的 34%。建成百万吨级焦化项目约占全国的 1/3 左右。乌海市建成和在建焦炭项目全部是炭化室高度在 4.3 米及 5.5 米以上的百万吨级捣固焦，全部配套建设了利用焦炭副产品生产加工化产或煤气利用的下游产业。

乌海逐步形成了焦油制炭黑、焦炉煤气制甲醇、焦炉煤气制天然气等产业链条，建成投产了一批以黑猫炭黑、宝化万辰、华油天然气为代表的产业延伸项目。一是煤焦油深加工：炼焦过程中生产的煤焦油，经深加工得到工业萘、重油、沥青等 3000 多种化工产品，乌海目前可提取 19 种产品，已建成神华乌海能源有限责任公司 30 万吨/年煤焦油加工生产装置、乌海黑猫炭黑公司 30 万吨/年煤焦油加工生产装置和乌海宝化万辰煤化工年产 30 万吨煤焦油深加工，全市煤焦油加工已形成产能 90 万吨。乌海黑猫炭黑公司利用焦化副产的蒽油和煤气建成 16 万吨炭黑生产装置，单台生产线国内最大。良峰精细化工公司、黑猫三兴精细化工公司、天津亚东集团在此基础上，发展萘、蒽、H 酸等深加工产业，现已建成投产。二是煤气综合利用：将焦炉煤气用作原料的有神华乌海能源焦炉煤气制甲醇项目、乌海华油液化天然气（简称 LNG）项目，用作燃料的有包钢万腾钢铁公司、德晟钢铁公司用于炼铁炼钢，蓝星玻璃厂用于煅烧玻璃；华资、天信利用焦炉煤气进行发电。乌海华油天然气有限责任公司已分别在渤海湾、海南建成并投产焦炉煤气综合利用节能减排年产 LNG 46 万吨项目；神华集团乌海能源公司建成年产 30 万吨甲醇和年产 18 万吨硝铵项目；内蒙古家景镁业有限公司年产 30 万吨甲醇项目基本建成。三是焦炭气化：受国内焦炭产能严重过剩、钢铁产能大幅削减等因素影响，乌海市提出焦炭气化发展思路，从根本上改变乌海焦化产业的市场定位，实现焦化产业向焦化并重、以化为主转变，走煤炭分质分阶清洁利用的路径。现有源通公司、华信公司 LNG 项目建成、美方公司 LNG 项目投产，源通集团、华油天然气股份有限公司、乌海市政府签订了焦炭气化合成气项目合作框架协议，源通公司二期 100 万吨焦炭气化制合成气项目可研已编制完成，现在正与华油天然气公司、江苏徐矿集团洽谈合作意向。"焦炭气化"从战略构想转变为现实生产力。

第二节　发展经验

改造提升化工产业，以精细化工为发展方向。乌海对传统化工产业进行改造提升，利用先进技术提高生产效率，同时提高副产品的利用。延伸产业链条，重视配套建设，使氯碱化工、煤焦化工、硅化工产业相互促进发展，实现资源综合利用，提升产品附加值。

加大招商引资力度，做好项目储备工作。乌海加大招商引资和承接产业转移力度，加强与长三角、珠三角、京津冀地区及科研院所的联系，谋划填补空白和延链补链项目。多渠道引进煤化工产业延伸升级项目，加快发展精细化工、节能减排技改项目，推进产业多元化。围绕煤焦化工产业规模优势和成本优势，着力提升煤焦化工产业发展层次和水平，推进产业延伸升级，围绕煤、电、化及相关产业一体化发展。

积极探索煤炭的分阶分质清洁利用之路。以"焦炭气化"为突破点重点延伸发展煤焦化工，通过转型升级使乌海焦化企业逐步摆脱以焦为主的局面，向焦化并重、逐步实现焦炭气化和焦炉煤气及附产品分级分质清洁利用、生产重要化学品、促进下游有机化工、精细化工有序发展转变。

抓好转型升级重大项目。乌海积极推动全市工业转型升级的重大精细化工项目的建设，重点围绕神雾集团电石乙炔新工艺制 40 万吨聚乙烯（PE）多联产示范项目、航天十二院氢等离子体煤制乙炔技术、卡博特气相二氧化硅项目、天津渤海化工精细化工项目、北方食品公司精细化工项目、西部环保有限公司土壤调理剂再生资源综合利用等项目，靠前服务，主动作为，依靠创新驱动推动乌海产业转型升级。

第十二章　迁安钢铁产业集聚区

第一节　发展现状

河北迁安获批第八批国家新型工业化产业示范基地，主导产业为钢铁及深加工。河北迁安产业示范基地包括三个主题园区，有河北迁安经济开发区、迁安高新技术产业开发区、迁安北方钢铁物流产业聚集区。迁安是一座典型的资源型城市，钢铁产业能够代表国内乃至世界先进水平。

第二节　发展经验

调优传统产业，做强新兴产业。迁安铁矿资源丰富，迁安的工业严重依赖钢铁。为改善产业结构，迁安市一方面在优化存量上做文章，积极改造提升传统产业，另一方面在做强增量上下功夫，大力发展新兴产业。

坚持科学发展，做到规划先行。迁安先后编制了物流园区发展规划、总体规划和控制性详细规划、产业发展规划、绿化、路网、供水、给排水等专项规划。按功能布局，将聚集区科学划分成"两轴（杨柏公路、迁曹高速）三片（钢铁物流区片、装备制造物流区片、临港产业物流区片）九区（综合服务中心、原材料仓储运输、钢铁加工配送、钢材组件加工、再制造加工、特种设备组件加工、出口流通加工、保税物流区、生态山林培育区）"，可有效满足各种物流业态的需要。同时，还先后完成了绿化、路网、供水等各专项规划，确保了园区的健康和可持续发展。

借鉴先进经验，创新发展理念。一是创新融资模式。针对基础设施建设资金难问题，广辟途径，积极主动与中国建设银行、国家开发银行、河北省农村信用社等金融机构联系，获得园区道路建设融资的支持；同时，积极探索 BT、BOT 融资模式，也解决了部分基础设施建设资金问题。同时，积极争取省贷款贴息及道路建设专项资金支持。二是创新土地开发模式。在园区开发建设中，确立了"产城融合、镇园一体"的工作思路，围绕依托园区打造产业新城的目标，将园区建设同城镇建设有机结合起来，按照园区规划，有计划、有步骤地开展新型居民社区建设，在有效改善居民生活质量和幸福指数的同时，对腾出的土地实行集约化管理和合理利用开发，实现了园区和城镇建设的互惠双赢。三是创新物流运营模式。不断加快对传统物流的改造，大力发展第三方物流，探索实施联盟物流，通过多方合作，实现物流企业的战略目标。同时，以打造超强服务平台为抓手，按照"两化融合"的要求，加快电子商务信息服务平台建设。目前，浙江物产集团电子商务交易中心已投入运营，通过虚拟信息网络与实体商贸、物流网络的虚实结合，成为各类商贸、金融、物流、信息资源要素集聚共享的平台，吸引产业链、供应链、价值链上下游骨干企业集中进驻，承接制造业服务外包，实现了物流贸易的网上交易。

突出招大引强，强化政策支持。迁安始终把招商引资作为园区一项长期性、战略性的工作，不断优化环境，积极谋求战略合作伙伴，相继出台了《关于促进产业结构优化升级的意见》、《迁安市招商引资优惠政策》、《关于加快产业聚集区发展暂行规定的通知》等一系列政策文件，对招引项目提供全方位政策支持。

第十三章　龙口市铝制品产业集聚区

第一节　发展现状

一、发展概况

山东龙口市铝产业初露头角始自 20 世纪 80 年代，历经 30 多年，形成了以南山、丛林两大集团为主体的"能源—铝土矿—氧化铝—电解铝—普通铝型材—工业型材和轻合金材料—铝精深加工—铝合金终端产品"完整产业链条，整个产业链覆盖 45 平方公里，成为全球唯一的距离最短、产业链最完整的铝产业基地。

如今，基地内已形成年产氧化铝 200 万吨、电解铝 100 万吨、建筑铝型材 20 万吨、工业铝材 20 万吨、铝板带 80 万吨、航空锻件 2 万吨、轨道车辆车体模块 2000 套、铝合金半挂车 1000 辆、铝合金汽车零部件 50 万套，铝合金特种船舶 500 艘、铝合金人行天桥 200 座、铝合金建筑模板 100 万平方米、废铝回收再利用 2 万吨的生产能力。2016 年，烟台高端铝材料加工及应用产业集群企业实现销售收入 694 亿元，交税总额 31 亿元，净利润 46 亿元，出口创汇 1.3 亿美元。

二、区位交通条件

龙口市东邻烟台，南接青岛，北与大连、天津依海呼应，并与韩国、日本隔海相望，是山东半岛蓝色经济区、胶东半岛高端产业聚集区的重要节点城市和环渤海经济圈中一座迅速崛起的沿海开放港口城市。境内龙口港始建于 1914 年，是国家一类对外开放口岸，现有生产泊位 30 个，其中 15 万吨级 1 个，10 万吨级 7 个，5 万吨级 5 个，核定通过能力 6000 万吨以上；港区库场面积 330 万平方米，石油化工仓储能力 180 万立方米，粮食罐存储能力 26 万吨；拥有国内外航线 70 多条，与 50 多个国家和地区的港口有业务往来，中非杂货班轮、铝矾土、石油焦、朝鲜煤炭等 4 个货种的市场占有率居国内首位。正在加快规划建设中的屺㟂岛港区，建设现代化深水大港的条件得天独厚，共规划 22 个生产泊位，其中 15 万—20 万吨级泊位 9 个，1 个 10 万吨级专用泊位已于 2013 年投入使用。2015 年，全市港口货物吞吐量达到 8073 万吨，集装箱 64.6 万标箱。全市公路里程达到 1552.9 公里，已形成"六横七纵"的公路交通网络，荣乌高速横贯东西，龙烟铁路、龙青高速等工程正在加快建设；距烟台蓬莱国际机场仅 40 公里。

三、技术与人才

2006 年南山集团有限公司、丛林集团有限公司列入国家有色金属加工制造业"自主创新能力行业十强"。基地目前拥有国家级科技创新平台 8 个，省级科技创新平台 7 个，包括 2 个国家级企业技术中心、1 个国家级工程技术研究中心、2 个博士后科研工作站、1 个省级院士工作站、2 个国家认可实验室、2 个省级企业重点实验室、1 个省级工程技术研究中心、1 个省级工业设计中心、1 个有色行业工程研究中心。基地内 12 家骨干企业近三年获得国家科技进步一等奖 1 项、国家科技进步二等奖 1 项，国家专利金奖 1 项、省部级科技进步一等奖 8 项。获得国家授权专利 350 项，其中发明专利 44 项。主持起草国家、行业标准 6 项。集群拥有中国驰名商标 4 个，山东省著名商标 6 个，山东省名牌产品 11 个。

基地企业职工总数近 2.8 万人，大专以上学历 20000 多人，其中博士学位 38 人，硕士学位 106 人，高级职称 324 人，中级职称 1809 人，从德国、日本、美国等聘请 13 名专家为常年技术顾问。与中南大学、山东大学、吉林大学、东北大学、北京工业大学、北京科技大学等多所高等院校建立了长期、稳定的合作关系。

四、骨干企业

龙口市高端铝材料产业规模以上企业 7 家，分别是：南山集团、丛林集团、龙口奥瑞金包装有限公司、山东龙口博瑞特金属容器有限公司、山东龙口三元铝材有限公司、龙口宇丰合金有限公司、烟台市鼎润铝业有限公司；涉铝规模以上企业 11 家，分别是：南山集团、丛林集团、龙口奥瑞金包装有限公司、山东龙口博瑞特金属容器有限公司、山东龙口三元铝材有限公司、龙口宇丰合金有限公司、烟台市鼎润铝业有限公司、龙口现代星宇汽车配件有限公司、龙口龙泵燃油喷射有限公司、山东康达集团有限公司、龙口市大川活塞有限公司。

第二节 发展经验

一、注重科技创新

1. 鼓励企业发挥创新主体作用。通过加强政策扶持、加大投入等措施，引导创新要素向企业集聚，引导企业加大研发和技改投入，开展技术创新。一般企业的技术开发经费要达到年销售额的 1% 以上，规模以上企业要达到 3% 以上，高新技术企业要确保达到规定的标准。对研发经费占当年销售收入达到比例要求的、具有研发机构的企业，其申报项目优先列入市级科技发展计划，优先推荐申报国家、省各类科技计划。大力培育创新型企业，对新争取的国家级创新型企业，给予 100 万元的配套补助。鼓励企业对外开展技术交流，搭建好产学研合作平台，联合高校院所共建实验室、研发中心、科技成果转化基地和教学实验基地，开展科研攻关。培植创新团队，增强科研攻关能力，加速形成有利于技术创新和科技成果转化的运行机制，进一步提高企业原始创新、集成创新和引进消化吸收再创新的能力和水平。

2. 加大对科技创新平台的支持力度。鼓励支持企业建立国家级和省级工程技术研究中心、重点实验室、产业技术创新战略示范联盟、企业技术中心、工程研究中心、工程实验室等技术创新平台。鼓励有条件的产业技术创新合作社会组织登记为社会团体或民办非企业单位法人，探索建立产权多元化、营运专业化、使用社会化的企业技术研发机构发展模式。鼓励引导大中型工业企业、规模以上高新技术企业建设研发机构，着力提升企业研发机构发展水平和支撑企业转型升级的能力。对于争取并设立国家级工程技术研究中心、重点实验室的企业，一次性给予 200 万元的配套补助；对新认定的国家级工程研究中心、企业技术中心和工程实验室，一次性给予 150 万元配套补助；对于新争取的国家级产业技术创新战略示范联盟，一次性给予联盟牵头企业 100 万元的配套补助；对新认定的省级工程研究中心、企业技术中心、工程实验室和烟台市级工程技术研究中心、企业技术中心，一次性给予 20 万元配套补助。对新认定的省级工程技术研究中心、重点实验室、产业技术创新战略示范联盟，一次性给予所在单位或联盟牵头企业 20 万元配套补助。一个企事业单位获得上述多项同级科技创新平台的，只享受一次资金补助；多家企事业单位共建一个科技创新平台的，只补助第一依托单位；企事业单位在取得较高层次的平台建设补助后，再取得较低层次的平台建设批复，不再给予资金补助；企事业单位在取得较低层次的平台建设补助后，再取得较高层次的平台建设批复，按照上述标准给予差额补助。

3. 加强科技公共服务平台建设。依托市高新技术创业服务中心等各类科技中介服务机构，加快完善"龙口先进制造业服务平台"和"新材料科技成果转化公共服务平台"建设，不断整合科技信息资源，突出智能化信息服务，为企业提供技术咨询服务，为各类研发活动提供设计、检测检验、科技文献、技术标准等多功能服务，加速科技成果向现实生产力转化。对符合条件进驻高新技术创业服务中心的企业继续享受以下政策：从进驻创业服务中心企业对地方财政收入的贡献中提出一定数额的资金，作为创业服务中心奖励基金。凡是进驻创业服务中心的企业，自投产之日起，可连续 3 年按其对地方财政收入贡献的 80% 从奖励基金中给予奖励；三年内免收办公、科研、生产场地租金；优先考虑各类科技项目的立项申请；在创业服务中心毕业并在园区内进行产业化生产的企业，可继续享受园区的优惠政策。要围绕新材料、先进制造、汽车及汽车零部件、生物医药等领域，聘请组建以院士为领军人物的高层次市政府科技顾问团，打造高端人才智囊库。要充分发挥好市政府科技顾问团的作用,为市政府决策提供参谋服务,免费对企业技术难题进行诊断咨询,并组织好对全市科技计划立项及科技进步奖项的评审。

4. 加强对外科技合作。鼓励支持国内知名科研院所、大学和国际学术机构、跨国公司等来龙口设立独立研发机构或与龙口企事业单位共建研发机构。对"引进来"的研发机构,在科技计划和科技奖励上与本地研发机构享受同等待遇。企业委托市外或与市外合作开发先进技术的相关费用,可按规定享受加计扣除和税收优惠政策。

二、注重品牌创建

在推进品牌战略实施的过程中,龙口市坚持商标战略实施与产业结构调整相结合原则,建立健全商标服务体系,完善部门合作保护机制。围绕汽车及汽车零部件、铝及铝制品等主导产业,做大做强制造业品牌。努力形成一批在全省、全国叫得响的产业品牌,放大龙口的品牌效应。

除做好省名牌、政府质量奖等企业个体品牌创建工作外,龙口还进一步加强区域品牌建设,引导企业抱团打品牌、闯市场,通过开展区域品牌价值评价工作和"全国交通和包装铝材及制品产业知名品牌示范区"创建活动,促进区域品牌和产业集群发展,逐步形成骨干企业群体的品牌效应,极大提升了区域品牌竞争力,亮出了一张张"龙口制造"的名片。龙口市按照"鼓励培育、有效运用、依法保护、科学管理"的方针,加快商标监管服务平台建设,全面实施商标行政指导制度,指导企业把商标管理作为企业管理的一项重要内容,制定专项管理制度,对商标的设计、注册、印制、保管、使用、变更、续展、许可等一系列工作加以规范,实施科学严格的管理;引导企业树立经营商标的理念,积极运用商标开展经营活动,充分挖掘商标资源和品牌价值,防止商标资源的闲置、失效和流失,扩大商标影响,提高商标的知名度;加大驰名商标、著名商标和特殊标志保护力度,严厉打击商标侵权行为。龙口铝业以104.26亿元的品牌价值列"2016年区域品牌价值百强榜"第37位,同时,还成功入围制造业区域品牌加强30强,排名第19。

三、注重产业配套

龙口市铝产业集群主要集中在南山、东海、丛林三大工业园区,拥有以

"煤—电—氧化铝—电解铝—铝加工—铝应用—再生铝"为链条的、在全国独具特色的高端铝材料加工及应用产业基地。集群各单元定位清晰、结构合理。国家铝合金压力加工工程技术研究中心、国家认定企业技术中心、航鑫材料科技有限公司、南山科学技术研究院、丛林铝再生资源研究中心等科研机构主要为产业链提供智力和技术支持，并负责新产品的研制开发。煤电企业为南山集团氧化铝、电解铝产业提供充足的电力供应，南山集团的电解铝为南山铝业、丛林铝业、三元铝业等铝加工企业提供短流程、低成本的原料供应。南山铝业、丛林铝业等为下游深加工企业提供高品质铝型材。铝资源再生研究中心为产业链提供废铝回收与再利用的技术支持和服务，促进了产业链的循环发展。烟台生产力促进中心为集群的发展提供信息与技术转移转化等服务。

第十四章　醴陵陶瓷产业集聚区

第一节　发展现状

一、发展历史

湖南醴陵是全国著名的三大"瓷都"之一，素有"瓷城"美誉，距今已有1700多年的历史，其独有的釉下五彩陶瓷生产工艺享誉国外。新中国成立后，醴陵陶瓷作为毛泽东主席、周恩来总理等党和国家领导人用瓷和人民大会堂专用瓷，更是作为共和国的礼品，被党和国家领导人赠送给多个国家的领导和元首，享有"国瓷"的美誉，在国内外久负盛名。其釉下五彩、"红官窑"也已经成为享誉中外的文化地标。

二、产业规模与结构

"十二五"以来，醴陵市紧抓发展机遇，大力推进陶瓷产业发展，陶瓷产业规模不断扩大，产值从2011年的290亿元增加到2016年的623亿美元，实现年均增长13.6%；企业数量从509家增加到650家；从业人员从12万人增加到13.8万人。但从同比增速来看，处于不断下降的趋势。醴陵市已基本形成集陶瓷材料、陶瓷制造、陶瓷机械、陶瓷颜料、陶瓷商务五位一体的完整产业链条，产品包括日用瓷、电瓷、工艺瓷、工业陶瓷、新型陶瓷5大系列4000多个品种。

三、区位交通条件

醴陵区位优势十分明显。从交通条件看，铁路、高速公路网络发达，随着岳汝高速公路、沪昆高速铁路（醴陵站）、"3+5"城市群城际轨道交通的建设，醴陵拥有上瑞高速、岳汝高速、浙赣、醴茶线、沪昆高铁、106国道、320国道、313省道、渌水等8条通道，交通优势极为明显。

四、能源保障

为解决困扰醴陵陶瓷产业发展的环境问题和能源问题，醴陵市积极实施"川气入醴"工程，2005年天然气进入醴陵并成功点火，所用天然气来自四川盆地，年供气量达到2.15亿立方米。川气入醴工程很好地解决了环境污染对陶瓷产业的严重束缚，醴陵中油燃气公司就位于经开区，且能保证天然气的长期持续供应。

第二节 发展经验

一、注重招引企业

醴陵针对陶瓷产业的关键缺失环节，重点围绕陶瓷新材料、高技术陶瓷、高压电瓷、陶瓷智能装备、陶瓷生产性服务业等领域，开发一批重点招商项目，积极引进中央企业、世界500强、国内500强、大型民企、上市公司，实现"引进一个，带动一批"。组建或引进专业化的泥料、模具、釉料、颜料、装备等专业化企业，推进陶瓷产业内部的专业化分工，完善产业配套体系。

二、注重搭建平台

醴陵依托市电商产业园，推动建设大宗原料采购电子商务交易平台和网上购物平台，鼓励企业开展网上陶瓷原料集中采购和陶瓷产品销售。深化与国内知名电子商务企业的合作，引导企业利用电子商务方式扩大市场。逐步增强电子商务对醴陵陶瓷产业的支撑和带动作用。围绕醴陵市陶瓷产业特色和发展需求，依托醴陵陶瓷产品检验检测中心和电瓷配方实验室，组建在行业内具有影响力的日用瓷、电瓷等产品的检验检测公共服务平台及高压电瓷实验室，重点开展日用瓷器、高压电瓷及工业瓷领域的新工艺、新材料、新产品的性能检测及研究开发，以及相关产品的行业标准、规范的制定，并进一步强化检测平台与相关科研院所、高等院校、国内外企业的交流。

三、注重品牌培育

醴陵鼓励企业围绕研发设计、生产制造、质量管理、营销服务全过程制定品牌发展战略，构建管理体系，明确品牌定位，采用合理定价、差异发展等策略，整合渠道资源，提高品牌产品性价比。引导企业围绕品牌战略目标，丰富品牌内涵，提炼品牌主张，丰富品牌形象。支持品牌企业与大型电商平台对接，与零售企业开展统一议价、集中采购、促进产销对接。鼓励本市骨干龙头企业、研发机构、行业协会等联合组建醴陵市陶瓷品牌联盟，制定品牌联盟章程，促进企业抱团发展。推动"国瓷"、"红官窑"等传统老字号品牌传承升级，支持企业适应市场需求，培育新品牌。鼓励行业协会等中介机构依托陶瓷谷、东富工业园、国家新型工业化示范基地等，指导开展醴陵陶瓷区域品牌建设。加强品牌宣传，强化企业品牌意识，指导企业开展品牌创建、培育、宣传等活动。细化完善奖励扶持政策，对创牌成功的企业，给予一定的政策奖励。积极推进"华联"、"火炬"、"红官窑"、"醴泉窑"等具有一定影响力的本土品牌与国内主要商超、百货等商业流通领域合作，扩大茶品销售，组织品牌联盟与商业渠道的"抱团"入驻，推动"名品进名店"。加大对体育赛事、文化活动的赞助、冠名等公关活动，以及电视、杂志等的宣传投入，拓宽品牌的传播渠道。积极借助互联网、智能手机等，利用网络论坛、社会化媒体、手机应用软件等为醴陵陶瓷品牌进行宣传。

四、积极开拓市场

醴陵积极参与《湖南省对接"一带一路"战略行动方案（2015—2017

年)》，支持骨干生产型企业及外贸企业积极拓展"一带一路"沿线市场。与多个主权基金开展对接，为"走出去"的企业提供资金支持。利用海关和出入境检验检疫优势，大力发展陶瓷跨境电商平台、跨境物流、海外仓储等，为"一带一路"等海外买家提供一站式采购方案。积极对接"一带一路"沿线国家陶瓷产品技术标准，支持骨干企业参与国际标准制定，开发符合国际市场需要的产品。充分利用醴陵优越的交通条件和区位优势，在醴陵陶瓷谷、特色街区、陶瓷展览馆等基础上，积极引进陶瓷产品经营商户，完善相关配套设施，整合销售市场，在经开区打造集仓储、转运、商务贸易、休闲一站式物流服务于一体的中南地区陶瓷商贸集散地，辐射江西、湖南、广东、福建、广西等地。加强与广东潮州、山东淄博等陶瓷基地的战略合作，形成商户、信息等资源共享，加大市场辐射范围。通过举办展销会、交易会等活动，扩大市场影响力。

五、注重人才引进培养

醴陵积极对接国家"千人计划"、湖南省"百人计划"、株洲市"万名人才计划"等人才工程，针对目前陶瓷行业所缺的核心技术人员、高端手工人才（核心拉坯等）、高端设计人才、国际性复合人才、创新型营销人才、品牌包装策划型人才等，争取纳入湖南省、株洲市人才工作重点，研究制定陶瓷高端人才的评价认定标准。鼓励生产企业加强与湖南工大醴陵陶瓷学院、陶研所、湖南大学等高等院校的合作，探索建立人才培养联盟，实现校企互融互通，开展多层次合作，邀请专家、企业家、高级技术工人为学生授课，加大对本地陶瓷设计人才、技术应用人才的培养力度。鼓励企业探索完善薪酬制度，实行收入与工作实绩和技术效益挂钩，对高技术工人试行协议工资和年薪制。支持优势企业与淄博工陶院、华南理工、清华大学、中科院等国内一流科研机构、知名高校开展陶瓷领域的学术交流和项目攻坚。组织重点企业、科研院所人员到江西景德镇、福建德化、广东潮州、山东淄博等优势产区、企业进行考察学习，加强交流合作。积极承接湖南省举办的各类陶瓷领域交流大会。充分利用省内陶瓷人才、科研团队资源，鼓励企业与湖南大学、省陶瓷研究院等针对陶瓷专业的联合培养机制，完善技术、科研人才的培养模式。

第十五章　包头市稀土新材料产业园

第一节　发展现状

一、园区概况

经过几十年的发展，内蒙古包头市形成了稀土功能材料、高端金属结构材料、先进高分子材料、无机非金属材料和前沿新材料等五大新材料产业。截至 2016 年底，包头市规模以上战略性新兴产业企业户数 115 户，实现工业产值 680 亿元，同比增长 11.5%，其中，新材料企业户数 45 户，占规模以上战略性新兴产业企业总户数的 39%，实现工业产值 515 亿元，同比增长 24.3%，占规模以上战略性新兴产业产值的 70% 以上。包头市稀土新材料产业园区所在的九原区、高新区、昆都仑区和东河区总面积为 1621 平方公里，占全市总面积的 5.8%；共有人口 167 万人，占全市总人口的 59.6%；2016年，四区共实现地区生产总值 2421.6 亿元，占全市地区生产总值的 62.6%；实现固定资产投资 1621.8 亿元，占全市固定资产投资的 54.9%；四区城镇常住人口人均可支配收入为 41788 元，高于全市 40955 元的平均水平。

二、矿产资源条件

包头境内已发现矿物 74 种，煤炭探明储量 94.47 亿吨，铁矿探明储量为 3.08 亿吨。其中，包头市拥有全球最大的稀土矿，共发现有 71 种元素、170 余种矿物，稀土查明资源储量 4350 万吨，占全国的 84%，占全球的 37.8%；生产金属镁的主要原材料白云石储量在 4.5 亿吨以上，其 MgO 含量 ≥

20.55%，大部分属于一级品，完全可以满足镁产业发展要求。南部紧邻的鄂尔多斯地区潜在高铝粉煤灰蕴藏量达 70 亿吨，与包头临近的山西省铝土矿资源丰富，占全国总储量的 41.6%；北部紧邻的蒙古国拥有铁矿 2000 万吨、铜矿 143 万吨（远景储量 16 亿吨）、优质炼焦煤 50 亿吨。

三、能源条件

包头市是我国重要的能源基地，煤炭、电力、天然气、水、风能和光能都非常丰富。目前已形成并网装机容量 1274.82 万千瓦。其中，火电为 890.37 万千瓦，风电为 322.05 万千瓦，光伏为 58.8 万千瓦，可再生能源为 3.6 万千瓦。发电量 412.86 亿千瓦时，其中，火电累计发电量 363.81 亿千瓦时，风电累计发电量 41.07 亿千瓦时，光伏累计发电量 7.31 亿千瓦时。

四、创新能力

包头市创新资源日益集聚，为全区实现创新发展起到重要作用。包头拥有全国最大的综合性稀土科技研发机构——包头稀土研究院，从事稀土资源的综合开发、利用，稀土冶炼分离、环境保护、新型稀土功能材料及应用产品的研发与中试，稀土分析检测、稀土情报信息研究等；有多位国家和省市级突出贡献专家，拥有业内一流的研发队伍；建有国家和省市级研究中心及稀土新材料院士工作站和博士后工作站等。此外，包头市还拥有一批创新载体：累计拥有 90 家高新技术企业，其中有效的高新技术企业 48 家，占全区 237 家的 20%，2015 年经认定复审高新技术企业 20 家，占全区 99 家的 20%；拥有国家级工程技术研究中心 1 家，占全区 3 家的 33%，国家地方共建工程技术研究中心 3 家，自治区级 30 家，占全区 128 家的 23%，市级 16 家；拥有国家级企业技术中心 5 家，占全区 15 家的 33%，自治区级 20 家，占全区 117 家的 18%，市级 55 家；拥有研究开发中心 28 家，占全区 214 家的 13%；拥有重点实验室共 19 家，其中国家级重点实验室 2 家，实验室培育基地 1 家，占全区 3 家的 33%，自治区级实验室 17 家，占全区 83 家的 20%；拥有国家级创新型试点企业 2 家，自治区级 14 家，市级 89 家，是国家首批 20 个创新型试点城市之一。此外，具有国内先进水平的钢铁研发中试平台在包钢投入使用，稀土院建成国内最大稀土新材料中试基地。

五、区位与交通

包头市稀土新材料产业园区地处环渤海经济圈腹地与黄河上游资源富集交汇处，东距北京600多公里，是连接华北和西北的重要枢纽，是国家"呼包鄂榆城市群"经济发展的重要组成部分，也是国家"一带一路"经济战略中通往欧洲的重要陆路枢纽。

园区所在的九原区、高新区、昆都仑区和东河区，处于包头市南部，是包头市重要的经济、社会、文化发展核心区和矿产资源富集区；包头机场目前是内蒙古自治区西部重要机场，为国内干线机场，现飞行区等级4C，跑道长2800米，可满足B737及以下机型飞行，交通较为便利；拥有距离"呼包鄂"经济圈最近的向北开放口岸——满都拉口岸，对内辐射西北、华北地区，对外连接蒙古国、俄罗斯乃至东欧。满都拉口岸已获批为常年开放型口岸，将为扩大蒙古国资源进口，促进中蒙贸易发展起到重要的推动作用。

第二节　发展经验

一、实施"稀土＋"发展战略

包头充分利用园区稀土资源和产业优势，实施"稀土＋"的发展战略，大力发展稀土功能材料、高品质特殊钢和新型轻合金材料三大产业集群，重点培育和发展稀土功能材料的研发和应用，延伸产业链条，着力壮大稀土在钢铁、有色金属、化工、高端装备制造、新一代信息技术、生物医药、资源回收利用等领域的应用，大力发展石墨烯等其他新材料产业，同时，辅助发展现代服务业，形成以稀土高值利用为特色的"361"产业发展体系。

二、注重产业协同创新

加强关键技术研发。包头积极引导和协助企业与国内外高校、科研机构等优质的科研资源实现对接，围绕包头市稀土新材料、钢铁新材料、有色新材料等优势产业，联合建设重点实验室、企业技术中心、工程（技术）研究中心、科研成果转化产业化基地和科研人才培养实习基地，加强重点产业关键核心技术、共性技术的研发与产业化，瞄准国际前沿的稀土高技术、高值产品，加速打通关键技术的研发、中试、产业化各环节的掣肘，缩短与发达国家稀土技术、装备水平、产品性能的差距。

建设稀土新材料制造业创新中心。包头加强基础研究、应用技术研究和产业化的统筹衔接，完善创新链条的薄弱环节，形成上中下游协同创新的发展环境。重点支持包钢、北重、中核北方建设国家重点实验室。加快稀土新材料、石墨烯材料、铝镁深加工、煤制烯烃深加工产品等中试基地建设，打破成果转化制约瓶颈。

开展首批应用示范。包头引导新材料生产企业和下游用户一起围绕应用产品生产和性能评价和技术创新，开展重大产业化项目合作开发机制，实现从基础研究到工业应用的全链条式布局。

加快专利标准建设。包头围绕稀土功能材料、高品质特殊钢、新型轻合金材料等产业重点发展领域，引导、鼓励研发团队及企业积极申请专利，特别是 PCT（国际发明）专利，促进科技成果转化和知识产权保护。加大知识产权侵权犯罪行为打击力度，完善知识产权快速维权机制，将知识产权侵权行为纳入社会信用考评体系，健全知识产权行政侵权查处常态机制。按照国家标准、行业标准、地方标准和企业标准四个级别，建立支持标准化发展优惠政策，配合国家制定的新材料重点产品目录，联合有关企业、科研院所、行业组织等，制定稀土新材料重点产品标准。

搭建公共服务支撑平台。大力发展工业设计服务，努力培育一批创新能力强、技术实力突出、具有一定行业影响力的研发设计企业。引进和培育第三方检测服务机构，加快检验检测公共服务平台建设，大力发展分析、测试、检验、计量、环评、认证等服务。积极推进技术产权交易市场，建立专业化、特色化的技术转移机构。

完善产业配套服务体系。建立和完善稀土等新材料产业配套和服务体系，切实解决稀土钕铁硼材料企业电镀难、性能不稳定、一致性差等问题，重点扶持规模大、技术含量高、带动能力强的钕铁硼、储氢电池、抛光粉等企业做大做强。加强在相关机械加工、酸碱氮气配套、元器件生产、加工检测能力、物流与贸易服务、中介咨询等方面的配套建设，为稀土深加工发展提供支撑，争取在新能源、新能源汽车、高端装备制造业中寻找商机和获得更高的比较效益。

企业篇

第十六章　山东东明石化集团

第一节　企业基本情况

山东东明石化集团于 1997 年成立，被山东省政府授予"山东省重要能源化工基地"，被国家《山东半岛蓝色经济区发展规划》确定为"东明海洋石化深加工基地"，被国家《中原经济区发展规划》认定为"石油化工基地"。山东东明石化集团位居 2016 年度"中国化工企业 500 强"第 7 位、2016 年度"中国基础化学原料制造业百强企业"第 1 位、"中国石油和民营化工百强"第 2 位。山东东明石化拥有燃料油进口资质、成品油批发资质，2015 年在全国地方民营炼油企业中首家获得进口原油使用资质、原油非国营贸易进口资质、拥有原油非国营贸易进口允许量 750 万吨/年。

山东东明石化的企业总资产为 300 亿元，现共有员工 6300 人，原油一次加工能力 1500 万吨/年，现有的生产装置可生产常减压、催化裂化、气体分馏、延迟焦化、催化重整、苯抽提、汽柴油和蜡油加氢、TDM、MTBE、制氢、PT、苯乙烯、甲乙酮、聚丙烯、离子膜烧碱、合成橡胶等主要产品，热电、硫黄回收、酸性水汽提、污水处理、干气回收等配套生产设施，主要生产高标号汽油、柴油、石油液化气、聚丙烯、溶剂油、盐酸、石油焦、高等级道路沥青、各类烯烃、氯气、各类橡胶、TDM、各类芳烃、烧碱、丁酮、苯乙烯等系列产品，客户覆盖山东、四川、山西、湖北、安徽、河北、河南、重庆、福建、浙江、江苏、陕西、湖南、北京等地。

第二节　企业经营情况

山东东明石化集团的总资产为 126 亿元，其中固定资产为 80 亿元。2017年，东明石化集团有限公司以 886.9 亿元销售收入居于山东省石油和化工企业 100 强之首。

第三节　企业经营战略

山东东明石化集团围绕建设千万吨级炼油基地，形成炼油、化工、三产物流、国际业务、基础设施、文化教育六大板块，推动集团的跨越式发展战略。板块一：炼油板块。主要包括山东省东明县的 1200 万吨/年炼油厂区和位于江苏省连云港市赣榆县原油一次加工能力 300 万吨/年的江苏新海石化有限公司厂区。总计炼油能力 1500 万吨/年。板块二：化工板块。主要包括 15 万吨/年离子膜烧碱、5 万吨/年甲乙酮、10 万吨/年苯乙烯、12 万吨/烯烃、5 万吨/年丁烯橡胶、20 万吨/丙烯、50 万吨/年 MT-BE 等。板块三：三产物流板块。主要包括润华物业、鲁班建安、昌顺物流、港湾房地产、港运公司等实业公司、绿色生态园以及日照原料中转码头、200 万立方米油品仓储库、500 万吨/年铁路专用线、1000 万吨/年"日—东"输油管道、10 亿立方米/年天然气管道、原料成品中转库、自备列车、物流配送中心、成品油（气）零售终端等现代化物流、销售体系。板块四：国际业务板块。主要包括以香港恒丰石油贸易有限公司为主的国际金融、以新加坡太平洋商业控股有限公司为主的国际贸易、以与山东海运股份有限公司合资的香港气体船为主的国际物流、以新加坡证券交易所上市的恒昌化工为主的国际资本四大国际业务板块的国际化公司。牵头成立了中国（独立炼厂）石油采购联盟，并将紧紧依托"一带一路"国家战略，向"走出去"的国际化公司迈进。板块五：基础设施板块。主要包括 2×35 万千瓦华润热电、前海热力 3 万千瓦背压机组、6 万千瓦

热电以及新海化工园、热电中心等。板块六：文化教育板块。主要包括以
幼儿、中小学基础教育为主的东明石化集团京师大实验学校、以职业技能
教育为主的东明石化大学。

第十七章　湖南华菱钢铁集团有限责任公司

第一节　企业基本情况

湖南华菱钢铁集团有限责任公司由湖南省湘钢、涟钢、衡钢三大钢铁企业于1997年底组建而成，拥有湖南华菱钢铁股份有限公司、湘潭钢铁集团有限公司、涟源钢铁集团有限公司、湖南衡阳钢管（集团）有限公司等112家子公司，在职员工约4万人。

湖南华菱钢铁集团有限责任公司的钢产能为2200万吨/年，是中国前十大钢企。拥有以湘钢5米板及配套项目、涟钢2250热轧、衡钢720大口径轧管机组等为代表的现代化生产线，产品覆盖线棒材、宽厚板、无缝钢管、冷热轧薄板等十大类5000多种规格系列。

第二节　企业经营情况

湖南华菱钢铁集团有限责任公司资产总额近1200亿元，年销售收入近千亿元，居湖南省属国企的首位，在中国企业500强中位居前列。2017年前三季度，公司钢材产量为1215万吨，销量为1219万吨，实现净利润33.11亿元，为历史最优业绩。

第三节　企业经营战略

2016 年，华菱钢铁集团重组复牌后，转型推行"1+5 发展战略"，构建现代化钢铁服务体系。"1+5 战略"中"1"是钢铁主业，"5"表示资源开发产业、钢材深加工产业、金融产业、物流产业和战略性新兴产业。华菱钢铁集团的"1+5 战略"实现错周期配置，弱化了钢铁主业的强周期性，保证平均盈利保持在相对稳定和合理的水平，延伸了产业链和价值链。

资源开发产业：注重投资回报率。华菱集团通过投资产业链上游资源产业，聚焦资源开发，从产业链源头入手，实现投资回报的可控性的最大化，为集团带来高投资回报率。2009 年，华菱集团收购澳大利亚 FMG 公司 17.34% 的股权，成为全球第 4 大矿业公司的第二大股东，该次收购也成为中国行业成功收购国外上市公司股权的经典案例。2014 年，华菱集团通过国土资源部在湖南龙山区块的页岩气项目，成为国内较早介入页岩气开发企业之一。

钢材深加工：以产业园带动产业群。华菱钢铁集团依托湖南在工程机械、汽车两大产业集群的优势，凭借自身在钢材深加工领域的技术产业优势，以产业园的形式带动钢材深加工产业群的形成，大力发展汽车零部件、钢结构等钢材深加工产业，搭建横跨国内外的汽车行业的服务化网络。华菱和安米合资的华菱安赛乐米塔尔汽车板有限公司（VAMA）于 2014 年 6 月正式投产，生产产品涵盖可见部件、结构件、底盘件和车轮钢部件等一系列汽车钢材产品，能够为国际汽车制造商和汽车产业顶级供应商提供钢材产品和服务，为国内汽车制造商和供应商网络提供优质的汽车钢材解决方案。华菱安赛乐米塔尔汽车板有限公司（VAMA）还将继续开拓深化与安赛乐米塔尔的主要客户（如大众、通用、福特、PSA、戴姆勒－奔驰、宝马、丰田、本田、雷诺、菲亚特和日产）在中国的合作，并搭建与大型国内厂商（如吉利、奇瑞、东风、广汽，上海汽车和长安汽车等）长远的合作关系。

物流产业：打造水运物流综合服务商。在物流产业上，华菱钢铁集团充分利用在湖南所拥有的内河、水运物流优势，以及多年的港航企业运营经验，凭借有大宗水运资源业务基础和产业链集聚能力等优势，以岳阳城陵矶港为龙头，逐步吸纳城陵矶港区其他件杂货、集装箱码头，成功搭建了物流产业整体框架。湖南欣港集团有限公司是华菱钢铁集团于 2013 年 11 月设立的全资子公司，是一家以钢铁主业为依托，以水运、港口配套、园区为核心的湖南水运龙头企业。

金融产业：产融结合助力实体发展。在金融产业上，华菱钢铁集团的发展思路是产融结合，即结合华菱钢铁集团现有的实体产业发展做金融投入。华菱钢铁集团下属的财务公司、基金公司、保险经纪公司等金融板块的资产规模已超过 60 亿元人民币。其中华菱财务有限公司主要业务涵盖资产业务、负债业务和中间业务三大板块，产业投资、金融投资、产业项目私募投资等领域是未来发展重点；华菱津杉（天津）产业投资管理有限公司是集股权投资、管理咨询、上市辅导于一体的专业化投资管理公司，重点投资了矿产资源、节能环保、信息技术、高新材料等领域的项目；湖南华菱保险经纪有限公司是经中国保险监督管理委员会批准成立的全国性保险经纪公司，已成功为湖南华菱钢铁集团有限责任公司、湖南高速公路等大型国营企业单位、大型工程建设项目等数十个大型项目提供保险经纪服务。

战略新兴产业：依托钢铁行业与节能环保产业高度的相关性，华菱钢铁集团凭借在钢铁节能减排方面的专业能力、管理能力以及市场、其他配套能力上的优势，定位于做钢铁节能减排领先技术服务商。湖南华晟能源投资发展有限公司，是湖南省政府唯一设立整合开发页岩气的平台公司，并形成了由地质、物探、钻井等专业人员组成的勘探开发技术团队。

第十八章 紫金矿业集团股份有限公司

第一节 企业基本情况

紫金矿业集团股份有限公司是一家以金、铜、锌等金属矿产资源勘查和开发为主的大型矿业集团，位居 2017 年《福布斯》全球 2000 强企业的第 1200 位，是《福布斯》全球有色金属企业的第 18 位、全球黄金企业的第 3 位，位居 2017 年《财富》中国企业 500 强第 82 位，投资项目分布在国内 24 个省（自治区）和加拿大、澳大利亚、巴布亚新几内亚、俄罗斯、塔吉克斯坦、吉尔吉斯斯坦、南非、刚果（金）、秘鲁等 9 个国家。

紫金矿业集团股份有限公司在地质勘查、湿法冶金、低品位难处理矿产资源综合回收利用、大规模工程化开发以及能耗指标等方面居行业领先地位，拥有中国黄金行业唯一的国家重点实验室，以及国家级企业技术中心、院士专家工作站等一批高层次的科研平台，拥有一批适用性强、产业化水平高、经济效益显著的自主知识产权和科研成果。

第二节 企业经营情况

紫金矿业集团股份有限公司是中国控制金属矿产资源最多的企业之一，截至 2016 年底，拥有权益资源储量黄金 1347.41 吨、铜 3006.38 万吨、锌铅 950.42 万吨等，产量居中国矿业行业前三甲，利润连续保持行业领先。2017 年前三季度，公司实现营业收入 619.77 亿元、净利润 22.14 亿元，总资产 936.59 亿元，净资产 342.61 亿元。

第三节 企业经营战略

紫金矿业集团股份有限公司以高技术效益型特大国际矿业集团为战略目标,2003年实现中国黄金行业领先的第一步战略目标,2013年实现中国金属矿业行业领先的第二步战略目标,目前正大力推进以国际化、项目大型化、资产证券化为方向的新一轮创业,力争2030年实现进入国际矿业先进行列的第三步战略目标,以优质矿物原料为中国和世界经济发展助力。

第十九章　北新建材集团有限公司

第一节　企业基本情况

北新建材集团有限公司是国务院国资委直属管理中央企业中国建筑材料集团有限公司（世界500强）的下属企业，1979年凭借国家投资成为国内最大的新型建材产业基地，现已成为集建材产业投资、木业业务、新型房屋、全球贸易服务于一体的综合性企业。

北新建材集团有限公司在品牌、质量、技术、规模等方面引领中国新型建材工业发展，秉承"善用资源，服务建设"的核心理念，以全球化为视角，致力于为社会大众提供健康环保的绿色建材。

第二节　企业经营情况

北新建材集团有限公司资产总额逾140亿元，直接管理全资、控股企业9家。2017年前三季度，集团营业收入为81.07亿元，比上年度同比增长58.75%；净利润为15.65亿元，比上年度同比增长100.06%；基本每股收益为0.875元，比上年度同比增长58.23%；每股净资产为6.51元，比上年度同比增长10.43%。

第三节　企业经营战略

通过企业的长远发展，为行业和社会提供持久的可持续发展力量，是集团的战略之一。北新建材集团有限公司通过全球化的资源优化整合，不断地为客户提供最优质的产品和服务，致力于为企业利益相关方创造长期价值和成功。

借助"互联网＋"，构建新业态新模式，是集团的战略之二。北新建材集团有限公司沿"一带一路"积极布局，通过不断创新与升级，深度融合"互联网＋"思维模式，在新型房屋、贸易服务等领域构建业界领先的产业平台，在全球市场中打造有竞争力及影响力的国际品牌，以卓越的产品和服务为社会大众创造价值。

第二十章　有研稀土新材料股份有限公司

第一节　企业基本情况

有研稀土新材料股份有限公司是稀土材料国家工程研究中心在 2001 年整体改制后设立的股份公司，主要从事稀土及相关材料的研发和生产。公司拥有从稀土矿到稀土工程材料的完整生产体系，产品通过了 ISO9001：2008 质量管理体系认证，并拥有自营进出口经营权。

有研稀土新材料股份有限公司下辖江苏省国盛稀土有限公司、廊坊关西磁性材料有限公司、中铝广西有色稀土开发有限公司、乐山有研稀土新材料有限公司四个子公司。北京本部主要生产稀土金属、稀土特种合金、稀土发光材料及磁性材料等；乐山分公司主要生产稀土金属及合金；江苏分公司主要从事稀土分离提纯，生产各种稀土氧化物及盐类；廊坊分公司主要生产钕铁硼材料；广西分公司是广西稀土资源开发和产业发展的首要平台，在崇左、贺州等地拥有稀土矿山和生产企业。

第二节　企业经营情况

有研稀土新材料股份有限公司的稀土产品的年产能为 10000 吨，产品 60% 以上出口日韩、欧美等地。公司成立 10 年来，出口创汇年均增长率大于 95%，销售收入的年均增长率达到 65%，净利润年均增长率达到 32%。2017 年前三季度，公司营业收入为 28.56 亿元，同比增长 7.18%；净利润 0.48 亿元，同比增长 64.87%；基本每股收益为 0.0580 元，同比增长 65.71%；每股净资产为 3.41 元，同比增长 2.43%。

第三节　企业经营战略

有研稀土推行大稀土生态圈的经营战略，已经在全国七大稀土重地（江西、内蒙古、广东、福建、广西、湖南、四川）前瞻性地布局了自己的产业。2014 年 3 月，有研稀土同四川晟和、中国铝业等单位签署了四川稀土联合开发合作意向书；2014 年 5 月 26 日，有研稀土与江西省赣州市人民政府签署战略合作协议框架，将携手打造具有国际竞争力的有色金属产业园区；2015 年 2 月，有研稀土撰写《广西稀土产业基地发展战略研究报告》，并通过评审；2016 年 10 月，有研稀土与中铝广西稀土商谈共谋合作发展。

政 策 篇

第二十一章　2017年中国原材料工业政策环境分析

2017年，我国通过制定宏观调控政策，促进原材料工业转型升级。宏观调控政策的具体内容包括加强顶层设计、加快发展新材料、继续化解过剩产能、加强行业引导监管。目前需完善的配套政策包括新材料扶持政策待细化、智能制造试点需加快、化解过剩产能细节需完善。

第一节　国家宏观调控政策促进原材料工业转型升级

一、加强顶层设计

2017年全球经济呈现缓慢复苏的发展态势，总体表现较为稳定，在全球经济缓慢复苏和国内经济逐步企稳的背景下，我国原材料工业整体呈现稳中向好的发展态势。螺纹钢、水泥、玻璃、电解铝等大宗原材料产品价格稳步上涨，产业经济效益向好。从长远看，原材料行业仍然要以供给侧结构性改革为主线，推动发展质量变革、效率变革、动力变革，提高全要素生产率。同时坚持去产能、去库存、去杠杆、降成本、补短板，优化存量资源配置，扩大优质增量供给，实现供需动态平衡，加快实现原材料行业转型升级。

为更好地指导我国原材料工业的转型升级，《新材料产业发展指南》、《关于推进黄金行业转型升级的指导意见》、《关于加快烧结砖瓦行业转型发展的若干意见》等陆续出台，针对行业目前发展现状及面临的形势，明确发展目标和重点任务，引导行业加快推进绿色生产和智能制造、加强技术创新等，加强对原材料行业转型升级的顶层设计。

二、加快发展新材料

随着经济步入新常态，我国原材料等传统产业发展面临转型升级阵痛，但总体看来我国经济发展基本态势仍然向好，新产业、新业态孕育的新动能不断壮大，在原材料领域更是大力发展石墨烯、高性能纤维、轻量化材料等新材料产业。加快发展新材料对推动技术创新、支撑产业升级、建设制造强国具有重要战略意义。

为更好地发展新材料产业，尽快突破下游市场应用，我国先后出台了《重点新材料首批次应用示范指导目录（2017 年版）》、《关于开展重点新材料首批次应用保险补偿机制试点工作的通知》、《新型墙材推广应用行动方案》等政策，大力支持新材料产业发展及下游应用，同时还批复成立国家级石墨烯创新中心、成立国家级新材料领导小组、支持筹建石墨烯改性纤维及应用开发产业发展联盟等，进一步健全新材料产业体系，下大力气突破一批关键材料，提升新材料产业保障能力。

三、继续化解过剩产能

2017 年，钢铁、电解铝、水泥、平板玻璃等原材料产品价格普遍上涨，导致相关企业"去产能"意愿减弱，有些甚至得出产能已经供不应求的结论，但实际上产能过剩矛盾依然严峻，以水泥行业为例，截至 2017 年底，我国水泥熟料过剩产能仍然高达 4 亿吨左右，过剩矛盾依然突出。

2017 年为更好地推进原材料行业化解过剩产能工作，先后出台了《关于企业集团内部电解铝产能跨省置换工作的通知》、《关于同意河北省沙河市开展玻璃产业压减产能提质增效转型发展试点的批复》等有关文件，同时召开座谈会研究推进水泥玻璃产能置换等工作，针对化解过剩产能过程中出现的产能置换、压减过剩产能等工作进行具体部署和安排，尤其对过剩产能较为集中的地区更是加强宏观指导。

四、加强行业引导监管

市场的引导监管是政府的主要职能之一，石化、钢铁、建材等原材料行业关乎国计民生，政府对市场的引导和监管显得尤为重要，尤其注重强化标准体系建设，充分发挥标准对行业的引领带动作用，2017 年原材料行业完成国家强制性标准整合和推荐性行业标准及计划集中复审，全年共立项行业标准计划项目 719 项，申请国际标准补助项目 70 项，报批标准 442 项。制修订肥料分级、通用硅酸盐水泥等国家强制标准。

此外，还通过制定行业规范条件来加强规范引导，2017 年制修订滑石、MDI、铬化合物等行业规范条件。发布《建材行业规范公告管理办法》，鼓励企业开展自我声明。加强钢铁行业规范动态管理，撤销 29 家企业钢铁规范公告资格，责令 40 家企业限期整改。并推动出台《国务院办公厅关于推进城镇人口密集区危险化学品生产企业搬迁改造的指导意见》，组织召开电视电话会议进行动员部署。

第二节　尚需完善的配套政策

一、新材料扶持政策待细化

新材料产业的培育壮大对推动技术创新，支撑产业升级，建设制造强国具有重要战略意义，目前我国针对新材料产业出台了《新材料产业发展指南》等相关政策，但多数以顶层设计为主，针对具体新材料产品的培育、推广、应用过程还需要细化的、针对性较强的扶持政策。充分发挥新材料专家咨询委的作用，组织专家咨询委编制发布重点产品、重点企业、重点集聚区目录指南，引导全国新材料产业合理布局，差异化发展，避免一哄而上。针对新材料产品下游推广难等问题，选择具备商业化推广的新材料产品品种，制定促进新材料产业推广应用的具体政策，同时加强新材料生产应用示范平台、测试评价平台等建设，为新材料产业发展提供支撑服务。

二、智能制造试点需加快

智能制造是推进我国原材料行业转型升级的重要抓手，但目前我国原材料行业智能制造水平普遍不高,智能工厂建设、工业机器人应用试点等开展较为滞后,整体看来,我国原材料行业智能制造水平与国外相比还存在较大差距。因此要加快智能制造试点示范,尽快完善相关扶持政策,研究制定炼化、煤化工、轮胎、水泥、陶瓷等行业智能工厂和指挥化工园区的建设标准,深入推进智能制造试点示范及智能制造标准化和新模式应用,提升行业智能制造水平。建设国家危险化学品监管信息共享平台。研究制定炼化、煤化工、轮胎智能工厂和智慧化工园区建设标准,同时加快工业机器人的推广应用,组织推广先进适用智能制造技术并开展试点示范。

三、化解过剩产能细节需完善

虽然 2017 年钢铁、电解铝、水泥、平板玻璃等行业产能过剩问题有所缓解,行业效益有所提升,但仍要继续坚定去产能决心,巩固既有成果,继续深化相关细节,大力破除低端无效产能。继续扎实推进钢铁去产能、电解铝、水泥、玻璃等产能置换工作,特别是在原材料价格普遍上涨的形势下,更要坚定决心,建立打击"地条钢"的长效机制,防止死灰复燃。推动出台有效处置"僵尸企业"以及金融债务处置的意见,做好钢铁等重点行业的产能置换,鼓励先进企业兼并重组并淘汰落后产能,利用综合标准依法依规倒逼落后产能退出。强化市场竞争和倒逼机制,鼓励有条件的企业根据市场情况和自身发展需要,主动压减产能。充分挖掘国际市场需求,把握"一带一路"战略带来的发展机遇,加快钢铁、有色、建材、化工等优势产能的国际产能合作,一定程度上疏解国内产能过剩压力。

第二十二章 2017 年中国原材料工业重点政策解析

2017 年，我国原材料工业制定的重点政策包括：①综合性政策，如《关于"2 + 26"城市部分工业行业 2017—2018 年秋冬季开展错峰生产的通知》《关于深化"互联网 + 先进制造业"发展工业互联网的指导意见》《工业节能与绿色标准化行动计划（2017—2019 年)》；②行业政策，出台了一系列重要文件，一方面大力培育新动能，加快发展新材料，开展重点新材料首批次应用示范及保险补偿机制，另一方面加快钢铁、石化、稀土、建材、有色等传统产业转型升级，大力化解过剩产能、推进产业绿色发展。

第一节 综合性政策解析

一、《关于"2 + 26"城市部分工业行业 2017—2018 年秋冬季开展错峰生产的通知》

（一）政策出台背景

为落实《京津冀及周边地区 2017 年大气污染防治工作方案》（环大气〔2017〕29 号）和《京津冀及周边地区 2017—2018 年秋冬季大气污染综合治理攻坚行动方案》（环大气〔2017〕110 号），推进京津冀及周边地区秋冬季环境空气质量持续改善，将开展"2 + 26"城市部分工业行业 2017—2018 年秋冬季错峰生产工作。

（二）政策主要内容

一是钢铁焦化铸造行业实施部分错峰生产。"2 + 26"城市中石家庄、唐山、邯郸、安阳等重点城市,采暖季(2017 年 11 月 15 日至 2018 年 3 月 15 日,下同)钢铁产能限产 50%,以高炉生产能力计,采用企业实际用电量核实。2017 年 10 月 1 日至 2018 年 3 月 31 日,焦化企业出焦时间均延长至 36 小时以上,位于城市建成区的焦化企业要延长至 48 小时以上。其他"2 + 26"城市根据所在地秋冬季环境空气质量自行决定限产水平。

二是建材行业全面实施错峰生产。水泥行业(含特种水泥,不含粉磨站)采暖季按照《工业和信息化部 环境保护部关于进一步做好水泥错峰生产的通知》(工信部联原〔2016〕351 号)有关规定实施错峰生产。承担居民供暖、协同处置城市垃圾或危险废物等保民生任务的,可不全面实施错峰生产,但应根据承担任务量核定最大允许生产负荷,报地市级人民政府备案并在门户网站上公告。水泥粉磨站在重污染天气预警期间应实施停产。

三是有色化工行业优化生产调控。采暖季电解铝厂限产 30% 以上,以停产电解槽的数量计;氧化铝企业限产 30%,以生产线计;碳素企业达不到特别排放限值的,全部停产,达到特别排放限值的,限产 50% 以上,以生产线计。有色再生行业熔铸工序,采暖季限产 50%。

四是工作要求。主要包括制定错峰方案,公告企业名单,确保方案落实,加强监督检查,强化考核问责,加大宣传引导等。

(三)政策影响

党的十九大明确指出,我国经济发展将进入高质量发展阶段,原材料行业作为国民经济基础产业,更要提升发展质量,该《通知》的出台,对于有效化解产能过剩、提升质量具有良好效果,尤其对于产能过剩较为严重的水泥、电解铝等行业,将有效促进低端落后产能退出。

二、《关于深化"互联网 + 先进制造业"发展工业互联网的指导意见》

(一)政策出台背景

当前,全球范围内新一轮科技革命和产业变革蓬勃兴起。工业互联网作为新一代信息技术与制造业深度融合的产物,日益成为新工业革命的关键支撑和深化"互联网 + 先进制造业"的重要基石,对未来工业发展产生全方位、深层次、革命性影响。工业互联网通过系统构建网络、平台、安全三大功能体系，打造人、机、物全面互联的新型网络基础设施，形成智能化发展的新兴业态和应用模式，是推进制造强国和网络强国建设的重要基础，是全面建成小康社会和建设社会主义现代化强国的有力支撑。

（二）政策主要内容

《指导意见》明确了"遵循规律，创新驱动"，"市场主导，政府引导"，"开放发展，安全可靠"，"系统谋划，统筹推进"的基本原则。

《指导意见》确立了三阶段目标。到2025年，我国基本形成具备国际竞争力的基础设施和产业体系；到2035年，建成国际领先的工业互联网网络基础设施和平台，形成国际先进的技术与产业体系，工业互联网全面深度应用并在优势行业形成创新引领能力，安全保障能力全面提升，重点领域实现国际领先；到本世纪中叶，工业互联网网络基础设施全面支撑经济社会发展，工业互联网创新发展能力、技术产业体系以及融合应用等全面达到国际先进水平，综合实力进入世界前列。

《指导意见》着眼全球工业互联网发展共性需求和我国亟须弥补的主要短板，围绕打造网络、平台、安全三大体系，推进大型企业集成创新和中小企业应用普及两类应用，构筑产业、生态、国际化三大支撑，提出了工业互联网发展的七项主要任务。《指导意见》重点突出三大体系构建，在网络基础方面，重点推动企业内外网改造升级，构建标识解析与标准体系，建设低时延、高可靠、广覆盖的网络基础设施，为工业全要素互联互通提供有力支撑。平台体系方面，着力夯实平台发展基础、提升平台运营能力、推动企业上云和工业APP培育，形成"建平台"与"用平台"有机结合、互促共进的良好发展格局。在安全保障方面，着力提升安全防护能力、建立数据安全保护体系、推动安全技术手段建设，全面强化工业互联网安全保障能力。

《指导意见》还提出了建立健全法规制度、营造良好市场环境、加大财税支持力度、创新金融服务方式、强化专业人才支撑、健全组织实施机制六大保障措施，以确保各项推进工作顺利进行，尽早实现发展目标。

（三）政策影响

《指导意见》以党的十九大精神为指引，深入贯彻落实习近平新时代中国特色社会主义思想，以供给侧结构性改革为主线，以全面支撑制造强国和网络强国建设为目标，明确了我国工业互联网发展的指导思想、基本原则、发展目标、主要任务以及保障支撑。这是我国推进工业互联网的纲领性文件，将为当前和今后一个时期国内工业互联网发展提供指导和规范。

三、《工业节能与绿色标准化行动计划（2017—2019 年）》

（一）政策出台背景

工业节能与绿色标准化工作虽然取得了一定的成效，但仍存在标准覆盖面不够、更新不及时、制定与实施脱节、实施机制不完善等问题。"十三五"时期是落实制造强国战略的关键时期，也是推进工业节能与绿色发展的攻坚阶段，国务院标准化改革也对工业节能与绿色标准化工作提出了更高的要求。为更好地落实绿色发展理念，全面推进绿色制造，完善工业节能与绿色标准化工作体系，做好未来几年的标准化工作，充分发挥标准化对工业节能与绿色发展的支撑和引领作用，决定实施工业节能与绿色标准化行动计划。

（二）政策主要内容

《行动计划》确定了总体要求和工作目标，坚持问题导向、坚持统筹协调、坚持协同实施，到 2020 年，在单位产品能耗水耗限额、产品能效水效、节能节水评价、再生资源利用、绿色制造等领域制修订 300 项重点标准，基本建立工业节能与绿色标准体系；强化标准实施监督，完善节能监察、对标达标、阶梯电价政策；加强基础能力建设，组织工业节能管理人员和节能监察人员贯标培训 2000 人次；培育一批节能与绿色标准化支撑机构和评价机构。

《行动计划》还确定了三大重点任务和三大保障措施。重点任务一是加强工业节能与绿色标准制修订，制定一批工业节能与绿色标准和修订更新一批工业节能与绿色标准；二是强化工业节能与绿色标准实施，加大强制性节能标准贯彻实施力度，开展工业企业能效水平对标达标活动；三是提升工业节能与绿色标准基础能力，构建标准化工作平台，加强标准宣贯培训，培育标准化支撑机构和评价机构。三大保障措施主要包括加强政策支持，发挥地方和行业协会作用，以及加强舆论宣传。

（三）政策影响

原材料行业作为高污染行业，亟须绿色发展，《行动计划》的出台能够充分发挥工业节能与绿色标准的引领作用，促进原材料行业企业能效提升和绿色发展。

第二节　行业性政策解析

一、《关于印发新材料产业发展指南的通知》

（一）政策出台背景

《新材料产业发展指南》（简称《指南》）是落实《中国制造2025》的重要文件，是"十三五"期间指导我国新材料产业发展的顶层设计。为做好《指南》起草，工业和信息化部、发展改革委、科技部、财政部组织有关院士、专家成立了起草组，开展了历时一年多的编制工作。起草组坚持问题导向，既着眼于产业发展全局，又聚焦于产业面临的突出问题，力求让《指南》重点体现以下几方面特征：

一是以解决下游应用行业新材料需求为导向，将满足《中国制造2025》重点领域和战略性新兴产业需求作为主攻方向，将提升新材料保障能力贯穿始终。二是高度重视新材料产业新体系建设任务，部署了创新体系、技术装备体系、供需对接体系、标准体系、统计体系、技术成熟度评价体系等重点工作。三是注重处理好政府和市场的关系。在充分利用市场机制的基础上，着力提高部门工作的协同性、政策措施的配套性，调动社会各方面力量，形成推进新材料产业发展的合力。四是以细化、具体、可操作为《指南》编制基本原则，对《指南》中重点任务提出了明确的部门分工，力求提出的每一项任务都可落实。

（二）政策主要内容

《指南》主要包括三大方向、九大任务、五大保障。

三大方向主要指先进基础材料、关键战略材料和前沿新材料。

九大任务分别指一是突破重点应用领域急需的新材料，主要包括新一代信息技术产业用材料、高档数控机床和机器人材料、航空航天装备材料、海洋工程装备及高技术船舶用材料、先进轨道交通装备材料、节能与新能源汽车材料、电力装备材料、农机装备材料、生物医药及高性能医疗器械材料、节能环保材料。二是布局一批前沿新材料，主要包括石墨烯、增材制造材料、纳米材料、超导材料、极端环境材料。三是强化新材料产业协同创新体系建设，主要包括组建新材料创新中心，组建新材料性能测试评价中心、搭建材料基因技术研究平台。四是加快重点新材料初期市场培育，研究建立新材料首批次应用保险补偿机制，定期发布重点新材料首批次应用示范指导目录，建设一批新材料生产应用示范平台。五是突破关键工艺与专用装备制约，开发金属材料专用加工制备工艺装备、解决复合材料工艺装备制约、提升先进半导体材料装备配套能力。六是完善新材料产业标准体系，成套制定一批新材料标准、完善新材料实验技术标准。七是实施"互联网＋"新材料行动。八是培育优势企业与人才团队。九是促进新材料产业特色集聚发展。

五大保障措施主要包括创新组织协调机制，优化行业管理服务，加大财税金融支持，推进军民融合发展，深化国际交流合作。

（三）政策影响

新材料的发现、发明和应用推广与技术革命和产业变革密不可分。加快发展新材料，对推动技术创新，支撑产业升级，建设制造强国具有重要战略意义。《指南》的发布对引导我国"十三五"期间新材料产业健康有序发展具有十分重要的意义。

二、《关于开展重点新材料首批次应用保险补偿机制试点工作的通知》

（一）政策出台背景

新材料是先进制造业的支撑和基础，其性能、技术、工艺等直接影响电子信息、高端装备等下游领域的产品质量和生产安全。新材料进入市场初期，需要经过长期的应用考核与大量的资金投入，下游用户首次使用存在一定风险，客观上导致了"有材不好用，好材不敢用"、生产与应用脱节、创新产品推广应用困难等问题。

建立新材料首批次保险机制，坚持"政府引导、市场运作"的原则，旨在运用市场化手段，对新材料应用示范的风险控制和分担作出制度性安排，突破新材料应用的初期市场瓶颈，激活和释放下游行业对新材料产品的有效需求，对于加快新材料创新成果转化和应用，促进传统材料工业供给侧结构性改革，提升我国新材料产业整体发展水平具有重要意义。

（二）政策主要内容

试点对象和范围：用户在首年度内购买使用《重点新材料首批次应用示范指导目录》（以下简称《目录》）内的同品种、同技术规格参数的新材料产品。生产首批次新材料的企业，是保险补偿政策的支持对象。使用首批次新材料的企业，是保险的受益方。

保险险种及保障范围：保监会针对新材料推广应用中存在的特殊风险，指导保险公司提供定制化的新材料产品质量安全责任保险产品（以下简称新材料保险），承保新材料质量风险、责任风险。鼓励保险公司根据企业实际情况，创新提供货物运输险、其他责任险等保险产品，扩大保险范围。

运行机制：保监会商工业和信息化部、财政部明确参与试点的保险市场主体单位名单并公布；新材料生产企业根据生产经营实际情况自主决定是否购买新材料保险；符合条件的投保企业，可申请中央财政保费补贴资金，补贴额度为投保年度保费的80%。保险期限为1年，企业可根据需要进行续保；参与试点工作的保险公司应认真贯彻执行有关文件要求，建立专业团队和理赔快速通道，加强新材料保险服务，并不断积累保险数据，优化保险方案，提高企业在新材料生产及应用领域的风险识别和化解能力。

（三）政策影响

重点新材料首批次应用保险补偿机制旨在运用市场化手段，解决新材料应用的初期市场瓶颈，激活和释放下游行业对新材料产品的有效需求。新材料保险补偿机制的推出有望解决国内新材料企业因缺乏应用示范案例，难以打破下游应用和国外垄断的困局。

三、《关于促进石化产业绿色发展的指导意见》

（一）政策出台背景

石化产业是国民经济的重要支柱产业，产业关联度高、产品覆盖面广，对稳定经济增长、改善人民生活、保障国防安全具有重要作用。近年来，我国石化产业绿色发展取得积极成效，清洁油品、低毒低残留农药等绿色石化产品在各自行业中的比重持续提升，清洁、绿色生产工艺应用逐步扩大，石化产业基地和化工园区建设有序推进。但产业绿色发展仍存在企业布局分散及入园率不高，产业结构不合理及绿色产品自主保障能力较弱，科技创新能力不强及绿色核心技术和装备有待突破，行业绿色标准尚需完善及绿色产品评价标准缺失等问题。

随着我国经济社会的不断发展，对于生态环保的要求逐步提高，"生态优先、绿色发展"逐渐成为提升我国制造业核心竞争力的关键要素，对石化产业绿色发展提出了新要求，也带来了新契机。当前，全球石化产业进入深刻调整期，发达国家不断提高绿色壁垒，逐步限制高排放、高环境风险产品的生产与使用，对我国石化产业参与国际竞争提出了更大挑战。面对新情况、新形势，石化产业迫切需要加强科学规划、政策引领，形成绿色发展方式，提升绿色发展水平，推动产业发展和生态环境保护协同共进，建设美丽中国，为人民创造良好生产生活环境。

（二）政策主要内容

《指导意见》主要包括六大重点任务和四大保障措施。

重点任务主要包括一是优化调整产业布局，建设化工类新型工业化产业示范基地，促进区域协调发展；二是规范化工园区发展，充分考虑国家、区域石化产业布局规划要求，结合区域内产业特色，统筹各化工园区发展定位，逐步完善化工园区产业升级与退出机制，优化调整化工园区布局；三是加快行业升级改造，实施清洁生产改造、提升行业能效水平、鼓励企业开展"智能工厂""数字车间"升级改造；四是大力发展绿色产品，围绕汽车、轨道交通、航空航天、国防军工、电子信息、新能源、节能环保等关键领域，重点发展高性能树脂、特种橡胶及弹性体、高性能纤维及其复合材料、功能性膜材料，电子化学品、高性能水处理剂、表面活性剂，以及清洁油品、高性能润滑油、环保溶剂油、特种沥青、特种蜡、高效低毒农药、水溶性肥料和水性涂料等绿色石化产品；五是提升科技支撑能力，大力推进原始创新和集成创新；六是健全行业绿色标准，以资源节约、节能减排、循环利用、污染治理和生态保护为着力点，健全石化产业绿色发展标准体系，加快绿色产品、绿色工厂、绿色园区标准制定与实施。

四大保障措施主要包括加大政策执行力度、强化财政金融支持、落实企业主体责任、加强舆论宣传引导。

（三）政策影响

近年来，随着国内经济的持续快速增长，我国石化产业也经历了持续高速增长，产业规模大幅增加，但由于长期粗放式增长模式，资源环境也付出了较大代价。部分企业环保意识不强，环保措施不到位，再加上一些行业技术装备落后，导致环境污染事件时有发生，给社会造成较大负面影响，"谈化色变"的现象在一些地区十分突出，石化项目建设抵触情绪较为强烈，给石化产业未来发展带来较大压力。随着社会生态环境意识的普遍增强，加快转变发展方式、实现绿色发展已迫在眉睫。《指导意见》的出台，为石化产业绿色发展提出了指引和方向。

四、《关于开发性金融支持特色产业精准扶贫项目试点和推进矿物功能材料产业示范基地建设的通知》

（一）政策出台背景

为贯彻落实习近平总书记关于脱贫攻坚系列重要讲话精神和《中共中央国务院关于打赢脱贫攻坚战的决定》（中发〔2015〕34号）、《"十三五"促进民族地区和人口较少民族发展规划》（国发〔2016〕79号）、《关于促进建材工业稳增长调结构增效益的指导意见》（国办发〔2016〕34号）、《贫困地区水电矿产资源开发资产收益扶贫改革试点方案》（国办发〔2016〕73号）、《建材工业发展规划（2016—2020年）》（工信部规〔2016〕315号）等文件要求，工业和信息化部、国家开发银行决定联合开展特色产业精准扶贫项目试点（以下简称扶贫项目试点）和矿物功能材料产业示范基地建设（以下简称产业示范基地），强化政策制度优势和开发性金融功能作用，利用集中连片特困区、民族地区和革命老区优势非金属矿资源，发展矿物功能材料等特色产业，增强造血机能，补齐发展短板，改善民生福祉，助力贫困地区和贫困群众如期实现脱贫目标，与全国人民一起迈入小康社会。

（二）政策主要内容

《通知》明确了扶贫项目试点工作和产业示范基地的具体要求，同时加强金融支持和配套政策保障。

其中对扶贫项目试点工作的具体要求如下：一是明确了支持重点，符合《中国制造2025》《"十三五"促进民族地区和人口较少民族发展规划》《建材工业发展规划（2016—2020年）》及相关产业政策支持方向，符合功能区规划、脱贫攻坚规划和地方经济社会发展规划，有助于利用优势非金属矿产资源建设特色产业项目。二是申报条件，对项目方向和生产企业的指标做出了明确规定。三是工作程序，对项目申报的具体流程和截止时间做出了明确规定。

对产业示范基地的工作要求主要包括两个方面，一是支持重点，以现有少数民族和民族地区、集中连片特困区和革命老区内优势非金属矿种为重点。二是明确了申报程序。

金融支持主要明确了国开行对项目相关的金融支持形式。

配套政策主要包括组织领导、政策支持、多方协作等三个方面。

（三）政策影响

《通知》深入贯彻落实十九大会议精神，实施区域协调发展战略，加大力度支持革命老区、民族地区、边疆地区、贫困地区加快发展，强化政策制度优势与开发性金融功能作用，利用集中连片特困区、民族地区和革命老区优势非金属矿资源，发展矿物功能材料等特色产业，增强造血机能，实现产业扶贫和区域协调发展。

热点篇

第二十三章 16家地炼企业
成立山东炼化集团

第一节 背景意义

2017年9月1日，山东省经信委出台文件《关于加快全省地炼企业转型发展组建山东炼化能源集团有限公司的复函》，同意省内地炼企业抱团，组建山东炼化集团。

山东是全国地方炼厂最多的省份，拥有超过40家地炼企业，总炼油能力12410万吨，占全国地炼总产能的70%。但山东省地炼产业一直存在多而不强、各自为战的局面，始终没能形成紧密的共同体。山东地炼在全球市场供销中难有市场话语权，与中石油、中石化等大型企业难以比拼。

第二节 基本情况及影响

首批参与该集团的有8家企业，先行注资331.9亿元，东明石化为第一大股东，持股22.63%，第二大股东是蓝色经济区（青岛）产业投资基金管理有限公司，持股22.59%。

另外还有6家股东，分别是山东天弘化学有限公司持股比例为13.29%、山东清源集团有限公司持股12.20%、山东寿光鲁清石化有限公司持股7.8%、江苏新海石化有限公司持股7.56%、无棣鑫岳燃化有限公司持股7.26%、山东胜星化工有限公司持股6.66%。

未来将由16家企业联合出资，这16家企业包括东明石化、江苏新海、汇丰、天弘、亚通、寿光鲁清、齐润、海右、清源、恒源、河北鑫岳、金诚、神驰、中海化工、日照岚桥以及河北丰利。

山东省政府也将通过基金方式以75亿元人民币注资该集团，未来将参与财务管理、产业管理，不参与日常经营。一定程度上体现了山东省政府部门对山东炼化集团成立的认可与资金支持。

集团成立后，将坚持"三个不变"和"六个统一"的原则，所谓三个不变，是指经营团队不变，纳税渠道不变，独立经营自负盈亏的管理体制不变，以保留各股东公司的独立性。"六个统一"指的是统一规划，根据企业禀赋、市场需求合理制定各企业发展方向和下游产品规划；统一原料采购，以石油采购联盟为平台，实现石油等大宗原料的集中采购；统一贷款和结算；统一运输，海外原油运输以及省内管道运输仓储统一资源管理；统一销售和出口成品油等产品；统一零售终端领域管理，提高炼厂成品油零售比例。

集团组建完成后，内部的管理具体分为生产管理、采购管理、销售管理和行业管理四部分。

具体来看，生产管理方面看，山东炼化集团以经营原油和成品油业务为主，配套建设仓储、管道、码头等物流设施，各股东单位负责组织生产、经营除成品油以外的其他产品。

销售管理方面，在取得一般出口资质的前提下，争取开拓海外市场；通过组建电商平台模式，统一区域定价，争取国内市场；推进地方炼化企业成品油零售网络建设。

在资本构成方面，不排除有国有资本或外来投资集团介入。在选址方面，除原有的地炼工厂外，青岛或者日照有可能成为新的总部。

与浙江石化和恒力集团类似，即将成立的山东炼化集团不仅将在石油加工、炼焦、化学原料等领域开展生产，还将在原油和成品油运输、成品油销售等方面进行整合。例如，一些加工能力千万吨左右的大型地炼企业，仅有加油站不到十家，而且大多分布在农村，很难进入城市。而未来，山东民营地炼企业有望成立自主品牌，统一标识，实行规范化的管理、运输、定价活动，3年内在全省建立2000家左右加油站，5年内达到6000家左右。

　　组建山东炼化能源集团有限公司，能够有效推动山东省石化行业转型升级，整合企业优势，加快新旧动能转换，实现山东省地炼行业炼化一体化、装置大型化、生产清洁化、产品高端化、企业园区化发展。未来炼化集团成立后，有望和南北两大民营炼化集团分庭抗礼，并实现自身效益的提高。

第二十四章　去产能任务提前完成，"地条钢"产能出清

第一节　背景意义

地条钢是以废旧钢铁为原材料，由工频、中频感应电炉冶炼，劣质低质，在生产过程中造成大量污染，被用于建筑时会埋下安全隐患，还给市场带来"劣币驱逐良币"的负面影响。2016 年 12 月 26 日，国家发改委、工信部、质检总局等五部委联合下发《关于坚决遏制钢铁煤炭违规新增产能打击"地条钢"规范建设生产经营秩序的通知》，对近期开展钢铁煤炭违规新增产能等工作提出明确要求，并要求落到实处，不走过场，各省区市相关部门要高度重视，精心组织，对本地区相关钢铁煤炭企业进行拉网式的梳理核查。2017 年以来，全国各省陆续召开严厉打击"地条钢"违法违规生产行为会议，安排部署 2017 年"地条钢"清理整治和去产能工作任务，多措并举重拳出击彻底清除"地条钢"。

第二节　基本情况及影响

行业协会制定出台《关于支持打击"地条钢"、界定工频和中频感应炉使用范围的意见》，明确"地条钢"的界定标准和范围。经过彻底清理排查，上半年我国共取缔、关停"地条钢"生产企业 600 多家，涉及产能约 1.2 亿吨，相关企业全部被停产、断水断电，大量原来流向"地条钢"企业的废钢已经流向了正规企业。截至 2017 年 8 月底，全年 5000 万吨的钢铁去产能任务已提

前完成；同年 10 月份，1.4 亿吨"地条钢"产能彻底出清，扭转了钢铁行业"劣币驱逐良币"的局面；此外，我国钢铁、煤炭、煤电行业去产能同时推进，均提前超额完成了全年目标。

钢铁方面，全年去产能目标为 5000 万吨，至 8 月底已经提前完成。这使得市场的供需均衡定价体系得以恢复，竞争回归良性，价格恢复上涨。

煤炭方面，2017 年煤炭去产能目标为 1.5 亿吨，到 10 月份已经提前完成。2017 年底，全国煤矿数量将从 2015 年的 1.08 万处进一步减少到 7000 处左右。我国于 2016 年提出的用 3 年至 5 年时间，煤炭产能再退出 5 亿吨左右、减量重组 5 亿吨左右的任务有望在 2018 年基本完成。

煤电方面，2017 年要淘汰、停建、缓建煤电产能 5000 万千瓦以上。前三季度，全国已淘汰关停落后煤电机组约 240 万千瓦，加上停缓建产能，完成了全年目标。

地条钢产能出清，有效推动了钢铁行业去产能工作，建立了公平竞争的市场秩序，也进一步促进了钢铁行业市场复苏，带动企业效益大幅改善。2018 年，国家将继续严厉打击地条钢，坚决防止死灰复燃，进一步促进钢铁行业规范化、市场化、高端化发展。

第二十五章 铝产品国际贸易摩擦加剧

第一节 背景意义

有色金属工业是高度国际化的产业，进出口贸易频繁。我国铜、铝、镍等原料需要大量从国际市场进口，国内铝加工材、铜加工材等优良的性价比，在国际市场中有着很强的竞争力。随着我国铝加工产业的飞速发展，使得铝加工产能持续扩张，竞争日趋激烈，各铝企业也把目标市场投向海外。我国是世界上最大的铝生产国。据路透社报道，我国占全球铝产量的份额已经从10年前的25%增长至今天的超过50%。根据上海有色网提供的数据，我国铝箔年度出口量从2009年的35万吨增长至2016年的108万吨，同时期内铝板带出口量从84.5万吨增加至165万吨，铝型材出口量从57万吨增长至120万吨。在这一背景下，西方国家出于自身利益，针对我国有色金属产品的国际贸易摩擦愈演愈烈，对中国铝业的限制措施层出不穷。

第二节 基本情况及影响

频繁的铝材贸易摩擦是2017年铝行业最受关注的事件之一。一年时间里，仅美国就向中国发起了3起贸易调查，分别是针对铝箔的双反调查，针对铝产品的232调查以及针对铝板带的双反调查。其中，针对铝箔的双反调查是特朗普政府上台后的首起对华双反案件，反补贴初裁判定征收22.45%—80.97%的税率，反倾销初裁判定征收96.81%—162.24%的税率，案件中继续使用"替代国"这一歧视性做法；而针对中国铝板带的双反调查更是30多年以来，由美国商务部首次在没有接到相关行业正式要求的情况下自主发起的调查。近几年来，美国针对中国的贸易制裁措施还引起印度、墨西哥等国或地区的纷纷效仿，涉案产品除铝材外还有铝制品。总体而言，在国际贸易领域针对中国铝产品的贸易制裁措施表现出"高密度、非常规"以及"经济问题政治化，双边问题多边化"的特点。

表 25 – 1　2017 年我国铝行业国际贸易摩擦汇总

时间	品种	类别	国家 （地区、组织）	内容
1 月	铝合金轮毂	反倾销	阿根廷	对原产于中国的铝合金轮毂进行反倾销调查已完成取证
1 月	铝型材	反倾销、反补贴	澳大利亚	对进口自中国的铝型材启动反倾销反补贴快速审查立案调查
1 月	铝合金轮毂	反倾销	欧盟	继续维持对涉案产品的反倾销措施，裁定对华铝合金轮毂的从价税为 22.3%
2 月	铝制预涂感光板	反倾销	韩国	对原产于或进口自中国的铝制预涂感光板作出反倾销初裁
2 月	铝散热器	反倾销	欧盟	对原产自于中国的铝散热器的反倾销措施于 2017 年 11 月 10 日到期
3 月	铝挤压材	反倾销	巴拉圭	对原产自中国的铝挤压材初裁不征收临时反倾销税，并继续开展调查
3 月	铝箔	反倾销	印度	对原产于或进口自中国的铝箔作出反倾销肯定性终裁
3 月	铝散热器及其组件和散热器芯	反倾销	印度	对原产于或进口自中国的铝散热器及其组件和散热器芯作出反倾销肯定性终裁
3 月	铝型材	反倾销、反补贴	澳大利亚	对进口自中国的铝型材启动反倾销和反补贴复查立案调查
3 月	铝箔	反倾销、反补贴	美国	商务部宣布正式对进口自中国的铝箔启动反倾销和反补贴立案调查
3 月	铝制车轮	反倾销、反补贴	澳大利亚	对进口自中国的铝制车轮启动反倾销和反补贴措施豁免调查
5 月	铝制预涂感光板	反倾销	韩国	对原产于或进口自中国的铝制预涂感光板作出反倾销终裁

续表

时间	品种	类别	国家 （地区、组织）	内容
6月	铝合金轮毂	损害初裁	阿根廷	初步裁定原产于中国的铝合金轮毂对阿相关产业造成了实质性损害
6月	铝合金轮毂	反倾销	阿根廷	对原产于中国的铝合金轮毂的反倾销调查期限进行延长
6月	铝合金轮毂	反倾销	阿根廷	对原产于中国的铝合金轮毂进行反倾销调查
7月	铝型材	反倾销	澳大利亚	对原产于中国的铝型材作出反倾销和反补贴免税调查终裁
7月	铝型材	反规避	美国	对进口自或原产于中国的铝型材作出反规避肯定性终裁
8月	铝合金轮毂	反倾销	阿根廷	对原产于中国的铝合金轮毂反倾销取证阶段已结束
8月	铝制车轮	反倾销、反补贴	澳大利亚	对原产于中国的铝制车轮的反倾销反补贴案豁免调查结果
10月	铝挤压材	反倾销	哥伦比亚	对原产于中国的进口铝挤压材产品作出反倾销日落复审调查终裁
10月	铝箔	反倾销	美国	初裁中国产铝箔在美倾销，将征收反倾销关税
10月	铝型材	反倾销	澳大利亚	对进口自中国个别企业铝型材启动反倾销立案调查
11月	铝散热器	反倾销	欧盟	对原产自中国的铝散热器启动第一次反倾销日落复审立案调查
11月	镀铝锌板	反倾销	澳大利亚	对进口自中国的镀铝锌板发起反倾销和反补贴期中复查调查
11月	铝合金薄板	反倾销	美国	对进口自中国的铝合金薄板自主发起双反立案调查

资料来源：赛迪智库整理，2018年1月。

　　铝等原材料行业一直是国际贸易摩擦的重灾区。欧美国家认为自 2015 年起，我国铝业产能过剩导致全球铝价格严重下滑，损害了美国生产商和工人的利益。出于保护本国利益的目的，相关国家多次发起针对我国铝产品的"双反"调查。但是他们忽略了我国铝行业劳动生产率的不断提高，在全球经济一体化的背景下，中国铝产品出口量增加是铝加工企业综合竞争力提高的结果，不能简单地被扣上"倾销"的帽子。

第二十六章　工信部绿色建材产业发展成果展

第一节　背景意义

当前绿色建材发展总体呈现出良好的发展势头：

一是建材工业绿色化进程明显加快。建材工业具有窑炉特有优势，消纳固废能力强，通过拓展产业绿色环保和循环发展功能，构建耦合发展产业链，有助于推动建材工业由生产型向生产服务型转变，引导建材企业由单一建材生产供应商向建材系统供应服务商、生态环境公共产品承包商、循环经济产业链构建发展商和区域特色经济投资兴业商转变。

二是建材生产呈现部品化、智能化、高端化、绿色化的发展趋势。随着人民生活水平不断提高，居住环境和品质成为人们关注的焦点。围绕城市基础设施建设、棚户区和危房改造、美丽宜居乡村建设等任务，建筑能效提升，通过大力发展绿色建材，推进建材生产绿色化、智能化，建筑材料部品化、高端化，建材原料标准化、系列化，建材消费便利化、可追溯，不仅保证了建筑品质，推动大宗建筑材料升级换代，而且更好地顺应了人民对于美好生活的期待。

三是绿色建材在产业扶贫中发挥重要作用。2017 年是脱贫攻坚深入推进之年。因地制宜利用特色非金属矿物和农林剩余物，科学发展满足节能环保、土壤治理、生态修复、现代农业、当地建筑等所需要的绿色建材，变资源优势为产业优势和经济优势，可有效助力地方实现精准扶贫、兴边富民。

第二节　基本情况及影响

2017 年 6 月 21 日，由国家工业和信息化部原材料工业司、节能与综合利用司、工业文化发展中心共同主办，华盛绿色工业基金会、中国绿色建材产业发展联盟、《中国建材报》联合承办的绿色建材产业发展成果展在工信部大院隆重开幕。

所有展出的产品，无论是应用于集成房屋的建筑材料，还是环绕房屋周边的各项展品，都是生态环保型装配式建筑所需的必用品。从里到外都在表达：绿色建材是夯实绿色建筑产业的基础步骤，是关乎生态文明建设进程的重要环节。

此次参展的绿色建材企业共 50 家，来自大江南北，涵盖了近 25 个门类和领域，这说明绿色建材产业发展已越发呈现出"山河一片绿"的大好前景。

绿色建材的发展，不仅有利于促进建材工业供给侧结构性改革，实现建材行业稳增长调结构转方式，而且可以进一步改善人居环境、建设生态文明、全面建成小康社会。

第二十七章　新能源汽车驱动电机用稀土永磁材料上下游合作机制成立

第一节　背景意义

当前国家对新材料产业发展高度重视，这为稀土永磁材料上下游合作机制发展带来了前所未有的机遇。近年来我国新能源汽车产业发展取得了显著成绩，但与传统燃油车相比，在车辆性价比和使用便利性上尚未形成竞争优势，欧、美等跨国汽车企业也在紧紧追赶，需夯实新能源汽车先发优势。驱动电机是新能源汽车的"心脏"，而稀土永磁材料则是驱动电机的首选材料。稀土永磁驱动电机可以大幅减轻电机重量、缩小电机尺寸、提高工作效率。组建上下游合作机制，有利于打通新能源整车、驱动电机和稀土永磁材料等产业间发展梗阻，实现全产业链互利共赢，对于促进产品性能提升和规模应用既很必要。

第二节　基本情况及影响

我们将把握契机、顺势而为，聚焦稀土永磁材料在新能源汽车驱动电机领域研发、生产和应用等关键环节，在强化信息沟通、加大政策支持、促进合作开发、推进标准制定等方面给予全力支持，争取形成可供电机行业直接选择的货架式磁材产品。

中国汽车工业协会和中国稀土行业协会作为组长单位，要认真履行职责，精心组织，细化分解重点任务目标和时间节点，打破行业间和行业内的各种界限，在搭建平台、研究谋划、合作开发、构建体系等方面重点推进，把新能源汽车、驱动电机、稀土永磁材料真正打造成制造强国的新亮点，成为全球制造业的领跑行业。

充分调动整车企业、电机企业和磁材企业的积极性，促进成员单位在合作机制框架内协同发展；加强趋势跟踪与研究，强化上下游产业链关键核心技术协同攻关；加强标准体系建设，通过标准实施，倒逼行业水平提升。

通过机制创新，整车牵引，形成以新能源汽车整车、电机协同发展带动电机关键部件和磁体材料发展的协同创新和良好协作，解决永磁材料利用率低和标准体系不完善的问题，进而实现驱动电机性能提升和成本下降。

展望篇

第二十八章　主要研究机构预测性观点综述

第一节　石化化工行业

一、中国石油和化学工业联合会

2018 年石油和化工市场总体将延续向好格局，价格总水平保持上涨势头，但涨幅缩小。预计石油和天然气开采业价格总水平涨幅在 8% 左右，化学工业涨幅约 3.5%。

预计 2018 年石油和化工行业主营业务收入超过 15 万亿元，增长 10% 左右；其中，化学工业主营收入 10 万亿元，增长约 10%。

预计 2018 年石油和化工行业利润总额接近 9000 亿元，增长约 5%；其中，化学工业利润总额 6300 亿元左右，增长 5%。

预计 2018 年石油和化工行业进出口总额超过 6300 亿美元左右，同比增长约 10%；其中出口总额约为 2100 亿美元，增长约 9%。

预计全年原油表观消费量约 6.3 亿吨，同比增长 5.0%；天然气表观消费量约 2630 亿立方米，增幅 10%；成品油表观消费量约 3.31 亿吨，增长 3%，其中柴油表观消费量约 1.70 亿吨，增长约 1.5%；化肥表观消费量约 5700 万吨（折纯），与上年大致持平，其中尿素表观消费量约为 2530 万吨，与上年持平；合成树脂表观消费量 1.14 亿吨左右，增长约 4.5%；乙烯表观消费量约 2140 万吨，增长 5%；烧碱表观消费量 3390 万吨上下，增幅约 5%。

二、财富证券

回顾 2017 年：油价一波三折，需求旺盛支撑盈利。原油价格在经过 2016 年的修复，进入 2017 年后稳在 40 美元以上。随着全球活跃钻机数量增长的放缓，OPEC 方面减产执行情况良好，原油价格开始逐步攀升。2017 年后国内 GDP 增速略有回升，全年 GDP 增速维持在 6.8% 以上，较好地支撑了石化品下游的需求。炼化行业受益于油价回归高位，行业景气复苏，烯烃、芳烃等产品与石脑油价差维持高位；各类化纤价格同样维持在高位，行业盈利情况大幅改善。

展望 2018 年：油价高位波动，石化品纷纷起舞。本次减产协议执行力度是 21 世纪以来最好的一次。需求方面，全球的经济在进入 2017 年以后开始明显复苏，欧美的经济增速持续提升，成为促进全球原油消费的重要力量。预计 2018 年原油价格仍然维持高位，在地缘事件的刺激下，甚至有冲高的概率。2018 年是炼化行业最后的狂欢，在进入 2019 年后炼化行业的竞争将愈发激烈；化纤行业受益于下游需求进入长周期，行业内龙头企业强势崛起；PVC 行业需求较为稳定，行业盈利的提升需要依靠加大环保压力清除落后产能来实现。2018 年，国内的需求增速较为平稳，需求端难以成为重要变量。2018 年的变量主要还是来自供给端，随着下游需求维持个位数增速的常态化后，行业格局向着利好与竞争力强的龙头企业发展。龙头企业凭借其规模经济、低成本、规范化生产等多方面优势，逐渐地蚕食小产能的市场份额。预计成本和环保将是影响未来行业格局演变的主要因素。

三、天风证券

原油：新均衡 70—80 美元/桶。（1）国际原油市场的再平衡实际已经实现。2018 年，预估消费量增长 130 万—150 万桶/天，生产量增加 110 万—130 万桶/天。其中，美国页岩油的供给韧性将减退，预估产量增长 75 万桶/天。库存有望进一步减少，供需将进入偏紧状态。（2）2018 年，原油市场的地缘风险溢价将重回视野。在全球原油再平衡已经完成的背景下，剩余产能和库存已经不能提供充分的安全垫，事件性的供给冲击很容易把供需平衡再度打破，进入现货短缺状态。（3）一旦需求增长突破了页岩油的边际供给，原油成本曲线将进入右端陡峭阶段，进入加速上涨期。70—80成为新均衡目标。

天然气：需求高增不能承受之痛。（1）需求超常规增长。自2017年以来，受煤改气政策驱动，天然气消费从之前的缓慢复苏变成迅猛增加态势。2017年1—10月，天然气消费量1865亿立方米，增长18.7%。（2）天然气供给刚性、可贸易性不佳的特征必须重视。2017年的"气荒"之后，我们需要反思天然气的特殊属性——供给短期高度刚性，天然气贸易高度依赖基础设施，天然气市场具有区域割裂性。我们估算，2018—2020天然气需求增速只要超过13%，就会形成绝对的供给缺口。（3）中国的天然气存在二元定价体系，加之储气调峰能力严重不足，超常规的需求超常规增长只能由LNG满足，则LNG价格必然暴涨。该情形在2019/2020年大概率重演。

大炼化：2018年周期叠加成长。（1）全球景气高位维持。2017—2018年炼油裂解价差有望维持在6—7美元/桶的相对高位。2019年之后，受开工率下滑影响，裂解价差可能小幅下滑至4—5美元/桶。（2）国内市场地炼淘汰利好。2018—2019年，成品油消费税严格化，以及对地炼的环保、安监严格化是必然，有望加速小而落后的地炼淘汰。（3）民营大炼化2018年异军突起，横向比较优势明显。荣盛石化、恒力股份、盛虹石化的炼化项目，均属于《石化产业规划布局方案》中提出的七大石化产业基地，恒逸石化文莱炼油属于"一带一路"项目。从项目规模、产业链配套、技术水平、人才配置的角度，几个项目均为国内领先水平。

四、山西证券

2018全球原油需求回暖，油市有望迎来再平衡。油价是石油行业兴衰的晴雨表。油价和整个行业发展息息相关。受供需变化、地缘政治等因素影响，2017年油价整体上先抑后扬，油价在50—60美元/桶的区间内。OPEC供给收缩，减产力度执行良好。OPEC预计2018年全球原油需求逐渐回暖，油市有望迎来再平衡。

聚酯涤纶产业链有望持续高景气。聚酯涤纶产业是我国具有全球优势的产业之一，上游原料PX（对二甲苯）、PTA（精对苯二甲酸），下游纺织服装行业是产业的核心。发展上游 PX 能够打造上下游一体化产业链格局，产业链的利润将从 PX 环节向 PTA 和涤纶环节转移。因此，民营炼化龙头纷纷进军 PX – PTA – 涤纶长丝炼化一体化项目。而下游纺织服装、工业用丝、装饰用丝以及塑料制品等行业对聚酯涤纶需求旺盛，聚酯涤纶产业链有望持续高景气。看好聚酯涤纶产业链。

天然气需求旺盛，LNG、煤层气将受益。我国天然气行业快速发展，下游需求量保持增加。随着环保督查开展和煤改气政策实施，大幅提高天然气需求，但由于基础设施滞后，天然气供给缺口持续存在。我国是煤层气储量大国，通过开发富足的煤层气资源有望解决天然气供给不足的问题。为此国家出台了一系列扶持政策鼓励企业加快煤层气规模化开发利用，煤层气开采利用行业有望在"十三五"进入高速发展期。另外我国天然气管道运输能力增速为 7.4%，低于天然气消费量增速 13.27%，需要 LNG 的运输来补足，对于 LNG 液化工厂、LNG 进口企业是一大发展机遇。

五、IHS Markit

在没有任何地缘政治致使供应中断的情况下，2018 年非欧佩克原油总产量，特别是美国页岩石油产量，将持续增长。未来短到中期，全球石油的供需将基本处于平衡状态。从长远来看，到 2040 年，全球石油需求量预计将从目前的每天 8200 万桶增长到每天 9100 万桶。为满足石油市场日益增长的需求并补充枯竭的油田，高成本的新原油来源有待开发。IHS Markit 预测，未来 20 年内新开发的油田平均生产成本将在 25—70 美元/桶。

第二节　钢铁行业

一、冶金工业规划研究院

根据近年国内生产总值、固定资产投资（均为不变价格）与钢材实际消费量之间的消费系数关系变化规律和特点，采用 GDP 消费系数法和固定资产投资消费系数法，该机构预计，2017 年我国钢材实际消费量将分别达到 7.27 亿吨和 7.30 亿吨；预测 2018 年我国钢材实际需求量分别为 7.36 亿吨和 7.38 亿吨。综合两种预测结果，预测 2017 年我国钢材实际消费量为 7.29 亿吨，2018 年我国钢材实际需求量为 7.37 亿吨。

采用消费系数法和下游行业消费法对 2017 年和 2018 年我国钢材实际消费量进行预测，并考虑到不同方法的特点及各自的局限性，对这两种方法所得的结果进行加权计算，预计 2017 年我国钢材实际消费量为 7.25 亿吨，同比增长 7.7%；预计 2018 年我国钢材实际需求量为 7.30 亿吨，同比增长 0.7%。

根据钢材实际消费量、净出口量以及 2017 年 1—10 月钢铁生产数据分析，预测 2017 年和 2018 年我国粗钢产量分别为 8.32 亿吨和 8.38 亿吨，同比分别增长 3.0% 和 0.7%。

该机构认为，2017 年以来，受益于全球经济超预期复苏和国内经济稳中向好的拉动，建筑、机械、汽车、能源、造船、家电、集装箱等主要下游行业钢材消费量均保持良好增长态势，促进我国钢材整体需求量较快增长。2018 年，我国经济发展将保持平稳增长态势，建筑、机械、汽车、造船、家电、集装箱等行业钢材需求仍将持续增长，但增速放缓，由此预测 2018 年钢材需求总量小幅增长。

二、国泰君安

需求平稳运行、供给弹性受限，全年钢价高位震荡。2018 年钢铁需求整体持稳，地产基建投资增速稳中有降，制造业及出口逐步回暖；供给端电炉钢叠加高炉复产为增量，去产能及采暖季限产为减量，测算全年供给增加 1000 万吨，产能利用率维持高位，钢价全年高位震荡，螺纹钢维持 3800—4000 元/吨。

钢价波动将取决于库存周期及季节性。春季下游复工带来的需求上升与供给受限造成供需错配，钢价存在反弹基础，但高库存或抑制钢价弹性。二季度南方逐步进入梅雨季节，需求在新开工脉冲结束后将面临边际回落，而供给端北方限产解禁后弹性将充分释放，供给边际走强叠加需求边际回落，二季度钢价压力较大，可能见到全年低点，考虑海外钢价持续强势，电炉钢成本支撑等因素，钢价跌破3600的概率较小，下半年钢价将企稳反弹。

我国钢铁行业大型化是必然，并购加速、行业集中度快速提升是未来核心投资逻辑。对比美国、日本的经验看，在城镇化、工业化的后期，钢铁行业都将经历并购重组、集中度提升的过程，产业集中度快速上升，龙头企业明显受益。2017年我国已经成立了三只钢铁行业并购基金，同时随着全球铁矿石供给集中度持续提升，国际矿山话语权将愈加显现，我国钢铁行业兼并重组是大势所趋，已势在必行，国内大型龙头钢铁企业，必将充分受益。

2018年成本端铁矿及焦炭仍将跟随钢价运行，剪刀差依然存在。2018年四大矿山产量仍有上升空间，四大矿山和罗伊山总计的产量上升约4600万吨，而铁矿石港口库存目前已经超过1.5亿吨，在限产持续的情况下，铁矿石的需求难以大幅上升。焦炭需求同样受限产压制，而供给相对平稳，焦炭全年将跟随钢价运行，钢材与成本端剪刀差2018年将继续维持，判断行业盈利同比增速在10%—20%。在钢价波动加大的情况下，盈利稳定性、成本优势及分红优势将成为定价核心因素。

第三节　有色金属行业

一、天风证券

全球经济有望缓慢复苏，需求稳中有增。在环保日趋严格，供给侧结构性改革继续的情况下，产量出现大幅增加的可能性较小，基本金属的价格有望稳中有升。其中，全球铜市场或已步入2—3年的景气周期，铜供需缺口有扩大趋势，铜价有望出现趋势上行；国内电解铝新建产能有望得到有效控制，产能释放可能更加有序，全球电解铝供应将继续维持紧平衡的态势，价格有望维持稳中有升；锌资源逐步开始放量，价格有望维持高位。

二、兴业证券

有色金属产品价格已走出行业低谷，国内外企业增复产项目逐渐投产。

整体看，2018年多数有色金属品种供给缺口修复，多数产品价格处于高位，供给放量后短周期价格存在下行压力。其中，铝消费将保持较高增速、产量增速将放缓，供给仍有一定缺口，铝价格可能进一步走高；铜需求增长平稳、供给小幅增长，供给缺口缩窄，铜价格维持高位震荡；铅锌供给恢复，但铅消费前景暗淡、锌消费回暖，铅供给过剩程度增大，锌供给缺口缩窄，锌价格将维持高位震荡；新能源汽车发展对锂需求的进一步拉动有限，供给将超过需求增量，市场供给压力增大将压制锂价格继续上涨；钴供给存在较大变数、产出增量或低于市场预期，钴价格有进一步走高的可能。

第四节　建材行业

一、长江证券

2018年建材行业将面临新的竞争格局。

首先是结构转型与经济下行的对抗。尽管行业随地产波动的属性较强，但龙头将显著受益消费升级和地产集中度提升；其次供给侧改革影响仍将持续，一方面周期行业集中度和产能利用率上升，盈利明显改善；另一方面家装建材、玻纤等行业小企业退出，加速市场向龙头集中。

其次是供给收缩下的估值重构。在需求周期下，价格弹性兑现往往意味着行情结束，因为市场化条件下高盈利会带来产能扩张。但较以往不同，本轮景气回升主要因为环保约束下的供给收缩，并且基于更优的竞争格局，因此判断华东水泥在2018年景气持续时间将超过2011年。随着盈利持续性预期的强化，水泥龙头或迎来第二波估值重构行情。玻璃则有望重现2017年钢铁水泥的表现。一方面玻璃需求滞后于水泥钢铁，从新开工传导角度我们继续看好明年玻璃需求，另一方面2018年行业因集中冷修期临近、排污许可证推进执行等原因，或将进入供给收缩周期，叠加本就偏紧平衡的供需状态，价格弹性有望在2018年释放。

地产集中度提升，深耕工程业务的家装建材龙头持续受益。地产销售增速下行大势所趋，但随着下游地产商集中度加速提升以及精装修比例的提高，自身具备较强品牌优势且与大地产商已形成直接供应关系的品牌建材公司有望持续受益。

二、兴业证券

水泥：分化加剧，把握区域性向上。受益于环保的控产量有效性，需求的稳中回落压力并不大，但环保治理的因地制宜将导致区域分化更加显著。华北、西北等地价高量低，而临近的华东、中南地区具备运输条件和成本优势的企业可北上销售，享受北方限产带来的利好。

玻璃：供需回归平衡，龙头地位提升。因地产市场平缓向下，近期需求压力明显，企业利润也受到上游的压缩，但2018年无须太过悲观。环保治理边际变化预期较大，供需波动中重回平衡，虽暴利不再但仍可维持中等水平。龙头企业将受益于小企业的退出和深加工业务的发展，地位继续提升。

其他建材：龙头成长逻辑不改。一是国企改革。两材合并后，行业竞争格局向好，叠加国内高端需求增长和全球经济复苏，具备规模和技术优势的龙头企业成长有望加速。二是"雄安新区＋装配式建筑"。雄安新区作为装配式建筑的主要示范基地，其建设逐步落地将带动产业链上具备技术实力的企业业绩优先增长。

资本市场展望：水泥行业在景气高位维稳情况下，预计行业整体信用改善，利差有望继续收窄，其中华东地区受益最为显著，建议关注区域分化下的高性价比标的。权益市场上，华东优质水泥企业依然具备向上空间，此外全球制造业复苏和"装配式＋雄安"等也有望推动相应产业链迎来业绩和估值的双重改善。

第五节　稀土行业

中国产业信息网发表《2017年中国稀土市场发展现状分析及未来发展前景预测》，文章认为：年初至今，稀土价格经历大幅上涨之后，引致中游加工企业补库存、贸易商顺势囤货，市场需求在阶段性补库存后迎来短暂真空。三季度，稀土协会及监管释放监管预期，刚恢复的脆弱市场信心再次反复，导致近期价格急跌。从长期来看，新能源政策的持续利好将带来需求端长期向上的景气时代，但是，急跌后的市场供应和需求的恢复都需要消化。考虑到维稳情绪强烈，大厂在市场收货和年底收储的消息对价格形成一定支撑，但下游库存还需要一段时间消耗来"去库存化"，以缓解短期供应压力。短期内国储收储预期将在一定程度上稳定市场情绪，预计价格走势将以止跌企稳为主，而长期来看，供给侧改革持续推进使得稀土资源进一步集中，行业发展将更加健康和可控，价格也将有望进一步上升。

磁材早报认为：进入 2018 年，稀土行业可能会出现的几种情况，对稀土市场价格变化起到决定性的影响。其一，关于稀土生产指标上调的可能性，就目前来看，应该仍旧不变。对于稀土废料回收企业是否纳入生产指标内，存在较大的争议，如何有效地实现是至关重要的问题。其二，关于稀土国储，仍有继续收储的可能性，不过收储随机性强，很难进行操作，稀土国储对市场价格变化影响力下降。其三，政府干预仍旧存在，稀土打黑和环保政策仍有较大力度的执行，对稀土市场供应产生影响，从而刺激价格出现上涨。其四，下游需求面，尤其终端需求处于持续上涨的趋势，尤其是新能源汽车的快速发展，对钕铁硼的需求增速加快，从而对镨钕镝铽的需求也会快速增加，通过新能源汽车增速计算，预计新能源汽车对镨钕需求增长幅度超过 30%。整个行业来看，对镨钕的需求增长 10% 以上。需求稳步增加，对稀土市场价格变化是处于利好因素。

稀土行业，需求面处于增速中，但是供应远远大于需求的变化，所以造成市场价格持续处于低迷。预计 2018 年，政策上会有相对应的变化，对于过剩违规违法产能产量进行处理，打击供应面产生的利空因素，积极推动需求面的变化，从而实现供给格局差距缩小，对稀土市场价格起到支撑。针对稀土价格变化，氧化镨钕有望会出现新的高度，到 55 万—60 万元/吨，氧化镝到维持在 130 万—135 万元/吨，氧化铽到 350 万—400 万元/吨。

SMM 有色资讯认为：2018 年，稀土行业的发展及价格走势依旧对国家政策的依赖性较大。稀土开采指标大幅调整的可能性不大，基本仍会保持在近几年的水平。国储存在太多不确定性，但市场普遍对于收储寄予较高预期。

稀土打黑及环保督查将持续存在，一定程度缩减了市场供应量。需求层面，稳中有升，其中新能源汽车的快速发展带来的钕铁硼需求稳步增长。因此在供应仍有缩减空间、需求稳中向好的背景下，供需之间的差距将进一步缩小，稀土价格会继续得到支撑，SMM 认为 2018 年以镨钕为代表的稀土价格有望继续冲高，高达 55 万—60 万元/吨。

第二十九章　2018年中国原材料工业发展形势展望

第一节　原材料工业总体形势展望

预计2018年，全球经济稳健复苏，国内经济总体稳中向好，我国原材料工业生产小幅增长，投资规模继续减少，进出口贸易逐步回暖，产品价格整体上涨，行业经济效益有所改善。

一、生产小幅增长

预计2018年，我国原材料工业生产将会小幅增长。一是全球经济逐渐走出危机影响，实现稳健增长。IMF预计2018年全球经济增长3.71%，美国经济呈现回暖势头，但增速缓慢，欧洲、日本经济复苏迎来转机，新兴市场和发展中国家经济增速加快，将增加对原材料产品的需求，刺激我国原材料企业扩大生产。二是我国经济下行压力不减，但总体稳中向好。IMF预计，2018年我国经济增速为6.5%，尽管存在一定的下行压力，但我国经济总体平稳，工业生产稳步扩大，稳定了原材料企业的生产预期。三是主要下游行业需求缓慢增长。2017年1—10月我国房地产开发投资同比增长7.8%，较1—9月回落0.3个百分点，随着房地产政策收紧影响逐步释放，预计2018年房地产开发投资增速会有所放缓；2017年1—10月汽车产销同比小幅增长，预计2018年汽车产销增长幅度不会太大。受下游需求增长影响，原材料企业有扩大生产的动力。

二、投资规模继续减少

2018年，受国内经济下行压力不减和下游需求缓慢增长影响，我国原材料工业投资规模会进一步萎缩。一方面，十九大提出，要加强水利、铁路、公路、水运、航空、管道、电网、信息、物流等基础设施网络建设，可以预计2018年会有一批基础设施项目加快推进，一定程度上将增加对钢铁、建材等产品的需求。另一方面，近年来供给侧结构性改革、"三去一降一补"、环保限产等工作的深入推进对原材料工业化解过剩产能提出了较高的要求，原材料企业普遍新增投资意愿不强，原材料工业投资增速仍存在负增长的可能性。以钢铁行业为例，截止到10月底，年度去产能目标已经超额完成，同时取缔"地条钢"工作取得积极进展，1.4亿吨"地条钢"产能出清。十九大提出，今后要深化供给侧结构性改革，坚持去产能、去库存、去杠杆、降成本、补短板，优化存量资源配置，扩大优质增量供给。在十九大新理念的指导下，预计2018年我国原材料工业去产能工作仍是重中之重，原材料工业投资规模短期内难以扩大。

三、进出口贸易逐步回暖

预计2018年，我国原材料产品进出口贸易会温和增长。出口方面，全球经济稳步复苏，发达经济体低速增长，新兴经济体经济加快增长，随着"一带一路"战略的纵深推进，我国与沿线国家的贸易量有望增加，带动我国优势原材料产品的出口。进口方面，国内经济有望保持平稳运行、稳中向好；一系列促进外贸稳增长、调结构的政策将发挥作用，特别是促进新材料产品进出口政策的研究制定，材料工业外贸发展环境将有所改善，材料企业负担将有所减轻，原材料进口需求有望增加。

四、产品价格整体上涨

预计2018年，随着去产能和环保限产措施的持续推进，我国原材料产品价格会小幅上涨，但总体不会有太大涨幅。化工产品价格将总体保持平稳。预计2018年国际市场油价会保持在50—70美元/桶，整体波动不大，而我国经济将继续保持中高速增长，化工产品下游市场需求也将稳定增长，因此产品价格将总体保持平稳。受环保日益趋严、危化品企业搬迁等因素影响，一些产品的供需关系将发生变化，价格会有所波动。钢材价格短期回调长期稳定。2018 年国际国内市场需求将保持增长，我国去产能工作将持续推进，全年钢材价格有望保持在 4500—5500 元/吨的较高水平。有色产品价格在全球经济稳步复苏、供给减少、美元走势趋弱的影响下，存在一定的上涨空间。铝价将止跌企稳，电解铝产能等量及减量置换政策继续执行，环保要求日益趋紧，国内用铝需求持续增长，加之出口小幅增长，铝供给将趋紧，预计 2018 年铝价将在 14500—16500 元/吨震荡。长期看，随着经济基本面的向好，铝价将保持相对稳定，有利于行业健康发展。水泥玻璃价格小幅震荡。预计 2018 年供需关系相对平稳，价格小幅震荡上涨，全年水泥价格将在 350—420 元/吨波动，平板玻璃价格将在 60—80 元/重量箱区间运行。

五、行业经济效益有所改善

预计 2018 年，我国原材料工业整体经济效益会有所改善。一方面，原材料产品需求会保持增长，另一方面，受益于供给侧结构性改革和"去产能"行动，我国原材料市场供求关系会有所改善，产品价格存在上涨空间，原材料企业盈利能力将增强。

第二节　分行业发展形势展望

一、石化化工行业

从国际看，世界经济复苏明显，OPEC 减产执行情况好于以往，原油价格有望继续小幅上涨。

从价格角度来看，在原油价格等因素的推动下，将带动下游化工产品价格上涨。受环保日益趋严、危化品企业搬迁等因素影响，一些产品的供需关系将发生变化，价格会有所波动。

从生产角度来看，随着供给侧结构性改革的深入，更加注重提高产品质量，落后产能将陆续退出，对整个化工市场形成利好。

从消费角度看，随着城镇化进程的推进和"一带一路"、京津冀协同发展、长江经济带战略的实施，预计2018年我国石油表观需求量将进一步增加，石油对外依存度也将进一步提高。同时，随着我国经济的平稳增长，也将拉动化工产品需求，化工市场前景向好。

二、钢铁行业

2018年，去产能仍是钢铁行业发展的重点任务，国家将继续坚定不移地推进去产能工作，严防"地条钢"死灰复燃，市场环境将进一步改善。2018年国际经济环境不断改善，我国宏观经济稳中有升且发展势头良好，下游消费领域及固定资产投资继续保持增长（特别是基建投资大幅增长），但是也要看到，房地产投资增速放缓对钢材需求的影响，预计2018年我国钢材的需求将继续保持小幅增长。随着近几年我国出口贸易环境的不断恶化，钢材出口连续两年出现大幅回落，2018年我国钢铁行业出口情况仍不容乐观。虽有需求增长支撑，但受"2 + 26"环保限产政策及地方政府错峰生产政策影响，2018年我国粗钢产量与2017年相比将基本持平。

三、有色金属行业

2018年，我国有色金属生产将保持平稳增长，需求仍有增长空间，供需有望维持较好状况，价格仍将维持在较高价位。

从生产角度看，供给侧结构性改革和环保要求将不断加强，有色金属供给保持平稳增长。一方面，除我国外的全球其他地区主要有色金属产品扩产较为有序；另一方面，我国作为全球主要有色金属冶炼产品的生产国，铜、铝、铅锌产量约占全球的一半，随着供给侧结构性改革的不断深入、环保要求日趋严格以及需求步入"新常态"，国内有色行业投资渐趋理性，2017年有色行业固定资产投资同比下降，有色行业产能盲目扩张得到初步遏制。预计2018年，我国有色金属生产将继续保持平稳增长势头。

从消费角度看，全球经济复苏前景明朗，有色金属需求仍有增长空间。

有色金属是中游材料，其主要下游应用包括基建、建筑、汽车、消费品等，对宏观经济较为敏感。一方面，我国经济复苏势头不断巩固，制造业 PMI 指数逐步上行，2017 年一直维持在 50% 以上水平。另一方面，美国、日本以及欧盟等国际主要经济体 PMI 也持续上升，全球制造业处于扩张态势，国际货币基金组织预计 2018 年全球、发达国家、新兴市场和发展中国家经济增速分布为 3.7%、2.0% 和 4.9%。预计 2018 年，多数下游行业对常用有色金属需求将保持适度增长，对部分高端有色金属新材料将保持高速增长。

从价格角度看，受宏观环境支撑、供求改善及成本上升影响，主要有色金属产品价格将维持高位。一方面，随着宏观环境的逐渐好转，国内外有色金属供求得到改善，有色金属价格明显回升。另一方面，随着煤炭、石油等能源价格上涨，有色金属生产所需要的动力、燃料、原辅料价格开始上涨，以及人工、物流、环保及融资成本的增大，抬高了有色金属产品的成本，受成本推动，2018 年有色金属价格仍将保持较高价位，大幅回落的可能性较小。

四、建材行业

从国际环境看，预计 2018 年全球经济稳健复苏，从国内环境看，我国经济总体稳中向好，新旧动能转换经加速向纵深推进。在此背景下，预计 2018 年建材行业整体经济效益会有所改善，随着"去产能"行动的继续推进，市场供求关系将有所改善，企业的整体盈利能力将有所提高。

从生产角度看，在国家大力压减过剩产能的情况下，2017 年水泥产量已经有所回落，但仍存在在建产能面临释放、存量难以化解的问题。预计 2018 年，去产能和环保限产等政策仍将继续，同时随着水泥错峰生产范围的不断扩大试行，32.5 复合水泥逐步退出市场，预计 2018 年水泥产量将继续放缓。而平板玻璃行业由于后期新增产能较为有限，一些老旧生产线面临冷修，环保不达标的生产线被环保部要求停产，目前停产的生产线要重新恢复生产，也必须满足环保要求后，需要较长的时间和成本，因此 2018 年平板玻璃总体供给或同样呈现放缓。

从消费角度看，传统建材产品需求动力不足，绿色建材产品需求旺盛，一方面房地产、建筑等市场领域增速或将继续放缓，难以对传统建材产品形成有效拉动，二是随着生活水平的逐渐提高，对 LOW－E 玻璃、节能门窗、薄型瓷砖等绿色节能建材产品的需求不断增加。

从出口看，一方面 2018 国际市场风险和不确定性依然较多，贸易保护主义不会削弱，我国贸易环境依然复杂严峻；二是建材整体"走出去"还处于初期摸索阶段，"走出去"的企业以中小企业居多，市场核心竞争力偏弱，"走出去"的模式较为单一，面临困难时应对策略及反应速度均有待提高，难以在国际市场上形成强大的竞争力，出口仍面临较大困难。

从价格看，随着采暖季限产的结束，水泥供给量增加，且年初价格处于高位，全年水泥价格整体上涨空间不大，预计 2018 年水泥价格整体较为平稳，根据需求旺季周期呈现小幅震荡；预计平板玻璃价格将有望维持在 70—80 元/重量箱的高位运行，但年中随着天气转暖，限产取消，地产需求走低明朗，供需市场再度转为宽松，价格将回落至 60—70 元/重量箱，预计全年价格市场有望呈现先扬后抑的态势。

总体看来，2018 年建材行业的发展增速将继续放缓，但随着国家不断化解过剩产能、大力发展新兴产业，产业结构调整方面可能取得积极进展，高附加值产品占比不断提高，低端产品逐步退出市场，绿色建材等产业快速发展，建材行业整体发展质量和效益将有所提高。

五、稀土行业

2017 年，我国坚持以供给侧结构性改革为主线，出台一系列振兴实体经济的政策措施，推进制造强国建设，推动制造业从数量扩张向质量提高的战略性转变，工业新旧动能转换成效初显，工业生产超预期回升，产业结构优化升级，企业效益明显改善。

进入 2018 年，从宏观形势上看，全球经济将继续回暖，我国工业新旧动能转换将加速向纵深推进，工业生产将保持稳定增长，产业结构将持续优化，发展质量将稳步提升。2018 年，随着互联网、大数据、人工智能等新技术和实体经济深度融合，稀土材料的战略价值将进一步凸显。从应用需求来看，智能制造、轨道交通、新能源汽车、电子信息、医疗大健康等领域的发展将进一步拓展稀土功能材料的应用空间，稀土高值利用的进一步深入化将带动整个行业的快速发展。预计 2018 年，稀土打黑和环保政策仍将大力推进，供给过剩局面逐步缓解，新能源汽车、电子信息、节能环保等下游需求将快速增长，稀土价格将下调趋稳。氧化镨钕价格将维持 30 万元/吨，氧化镝价格到 112 万—113 万元/吨，氧化铽价格到 250 万—260 万元/吨。

从行业管理看，2018 年，稀土行业管理部门将继续发挥新能源汽车驱动电机用稀土永磁材料上下游合作机制作用，促进产需对接、产用结合；研究建立稀土催化、发光材料上下游合作机制；支持包头稀土新材料创新中心和赣州"中国稀金谷"建设；推动铈磁体、高频软磁材料、稀土硫化物、植物照明发光材料等新材料产业化，扩大高丰度元素平衡应用；研究将稀土金属纳入专用发票监管体系，完善稀土产品监管范围；加大宣传工作力度，加强部门间信息共享，与环保核查、安全督查等工作形成合力，不断完善稀土监管常态化工作机制；修订稀土指令性生产计划管理暂行办法，配合财政部、税务总局做好稀土等产品资源税立法和调整工作。

附　录

附录1　欧盟《原材料计分牌》发展经验和启示

鉴于原材料对于欧盟经济的重要性，欧盟在 2008 年启动了"原材料计划"，其目的在于保障原材料的供应。2012 年，欧洲原材料创新联盟成立。2016 年 7 月，欧盟委员会发布了第一版的《原材料计分牌》，阐述了整个原材料价值链中的各项挑战和机遇，并强调了原材料对欧盟经济，尤其是就业与增长的重要性。欧盟原材料计分牌体系的建立，对于我国加强对原材料工业的管理，实现原材料行业可持续发展具有十分重要的借鉴意义。因此，本文从全球和欧盟原材料行业的发展现状入手，重点介绍欧盟《原材料计分牌》的指标体系，并提出我国促进原材料工业可持续发展的政策措施。

一、《原材料计分牌》发布背景

由于原材料供给的特殊性，从矿产勘查到首次开采可能需要花费十多年的时间，因此，增加原材料供给并不是一日之功。显著增加的原材料需求给欧盟经济的供应安全带来了较大的影响。当原材料供不应求时，全球原材料价格将持续攀升，而下游产业的生产成本也将随之增加。而如果需求突然急剧减少，那么价格也将随之下跌，从而给原材料市场的长期投资带来风险。

因此，为保障欧盟原材料的供应，2008 年，欧盟启动了"原材料计划"，计划主要关注全球原材料市场的公平和可持续供应、欧盟原材料的可持续供应以及资源利用效率与二手原材料的供应等问题。此外，2012 年，欧洲创新联盟（European Innovation Partnership，EIP）成立，这是一个由行业、公共服务、学术界和非政府组织代表组成的利益相关方平台，其主旨是为欧盟、其成员国及私营部门利益相关方提供创新方法来应对原材料挑战。EIP覆盖了整个原材料价值链，从原材料开采（勘查、采矿、采石以及木材采伐）到原材料加工生产和回收。

　　《原材料计分牌》是欧洲创新联盟委托联合研究中心起草的一项关于原材料的报告，其目的在于为EIP总体目标以及原材料政策背景提供量化数据，并显示了可用于多领域政策制定的相关且可靠信息。计分牌还将用于监测循环经济的进展情况。计分牌将每两年发布一次。

二、《原材料计分牌》主要内容

　　《原材料计分牌》由5组主题集群，共24个指标组成。所有的指标数据都可获取，并且满足"RACER"原则，即相关的（Relevant）、被认可的（Accepted）、可靠的（Credible）、易算易懂（Easy to compute and understand）以及稳健的（Robust）。

附表1-1　欧盟《原材料计分牌》总览

主题	具体指标
主题一：全球背景下欧盟原材料发展	1. 欧盟占全球产量的份额
	2. 采矿设备出口
	3. 进口份额
	4. 生产地理集中与治理
	5. 出口限制
主题二：竞争力和创新发展	6. 欧盟国内产量
	7. 增加值与就业
	8. 企业研发投入
	9. 专利申请
	10. 知识与技能
主题三：采矿条件	11. 欧盟采矿活动
	12. 矿产勘查
	13. 国家矿产资源政策框架
	14. 公众接受度

续表

主题	具体指标
主题四：循环经济和回收利用	15. 循环经济中的物质流
	16. 满足材料需求的回收贡献率
	17. 电子电气设备废弃物管理
	18. 二手原材料贸易
主题五：环境和社会可持续发展	19. 气体排放
	20. 水资源利用
	21. 废渣管理
	22. 木材可持续供应
	23. 职业安全
	24. 可持续发展报告

资料来源：赛迪智库原材料工业研究所根据 2016 年欧盟《原材料计分牌》报告整理。

（一）全球背景下欧盟原材料业的发展

从欧盟占全球产量的份额来看，欧盟是仅次于亚洲和北美的世界第三大工业矿物生产地区。欧盟的原木产量约占全球总产量的 20%。然而，由于全球工业化进程的推进，欧盟的全球产量份额已显著下降。就金属产品而言，19 世纪中叶，欧洲占有全球 50% 的产量。而随着美国和西欧以外的许多经济体进入稳定快速工业化进程，金属矿的勘查和开采也逐渐从欧美转移到这些以往开发不足的区域。多年来，新兴经济体的金属矿产量持续增长，而美国的金属矿产量全球占比呈稳步下降趋势。到 2009 年，欧洲和美国的金属矿总产量在全球的占比不到 10%。

从采矿设备出口来看，尽管欧盟在全球原材料产量中的占比相对较低，但由于欧盟具有长期的开采历史，欧盟的采矿设备制造业仍具有全球竞争力，欧盟仍是全球最大的生产者和采矿设备净出口国之一[①]。而本世纪以来，由于我国丰富的矿产资源禀赋、较低的生产成本和知识与技术水平的提高，我国已经从净进口国变为净出口国，并在全球市场发挥着越来越重要的作用。为此，为了确保欧盟维持其在原材料市场中的竞争优势，EIP 筹划了多项创新原材料开采和加工的举措，其中包括欧盟研究创新计划"地平线 2020"（Horizon 2020）。

---

① 其他国家包括：美国、中国和日本。

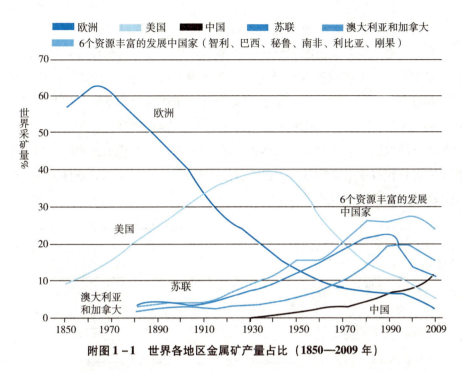

附图 1 – 1　世界各地区金属矿产量占比（1850—2009 年）

资料来源：赛迪智库原材料工业研究所根据 2016 年欧盟《原材料计分牌》报告整理。

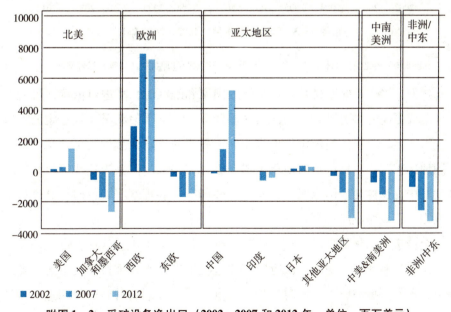

附图 1 – 2　采矿设备净出口（2002、2007 和 2012 年，单位：百万美元）

资料来源：赛迪智库原材料工业研究所根据 2016 年欧盟《原材料计分牌》报告整理。

从进口份额来看，欧盟经济发展需要多种多样的原材料，但并不是所有原材料都产自欧盟。欧盟的非金属矿物及木材几乎可以实现自给自足，而金属、特定矿物和天然橡胶等原材料则高度依赖进口。例如，欧盟铜的进口依赖性超过50%。尽管欧盟也产铜，但其全球产量占比仅为5%；对于铁（进口份额85%）、铝土矿及铝矿（进口份额95%）等原材料，大多数矿床位于欧盟以外的地区（澳大利亚、巴西和中国等）；锑、钒和稀土元素等许多广泛用于各类现代技术的其他材料的进口份额达到100%；由于气候条件限制，欧盟的天然橡胶也完全依赖进口。

附图1－3　欧盟进口份额（2002—2012年）

资料来源：赛迪智库原材料工业研究所根据2016年欧盟《原材料计分牌》报告整理。

然而，当进口的原材料来自不同的国家和地区时，高进口依赖性可能并不会造成更高的供应风险，尤其当这些资源进口自政治状况比较稳定的国家时。事实上，对于任何经济体而言，一定程度的进口依赖性无可避免，因为不同地区矿床和生物材料的地质生成条件存在差异。但是当这些原材料生产高度集中在少数几个国家时，尤其当这些国家的管理水平较低时，高进口依赖性则可能威胁供应安全。

全球市场原材料需求的增长直接导致了价格的上涨。为此，供应国逐渐增加出口限制和贸易壁垒。供应国利用这些出口限制来维持国内下游产业的原材料消费，提高收入，同时保护自然资源。这些限制措施的使用进一步导致了价格的上涨，同时加剧了原材料市场的波动性。近几年来，原材料出口限制越来越频繁。如果仅由少数几个国家提供原材料，那么原材料出口限制

的影响将更大。一些谈判和双边及区域贸易协定已经在减少出口限制使用问
题方面取得了一些进展。

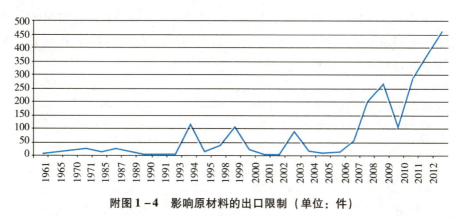

附图 1-4　影响原材料的出口限制（单位：件）

资料来源：赛迪智库原材料工业研究所根据 2016 年欧盟《原材料计分牌》报告整理。
注：包括每年出台的措施及 2012 年仍在实施当中的措施

为了提高欧盟的供应安全，欧盟的原材料计划关注原材料外交、贸易和
发展政策，通过提高资源利用效率、回收或开发替代材料来促进本地生产及
原材料供应的多样化。

（二）竞争力和创新发展

欧盟原材料生产是欧盟经济的重要组成部分，创造了 2800 亿欧元的附加
值和 400 多万个就业岗位，同时为下游产业（如汽车、化工和电子设备制造
等）提供了稳定的材料供应。欧盟本地生产的原材料不会受到贸易限制，因
此其供应中断风险较低。此外，本地原材料生产还将缩短供应链（如后续的
冶炼制造活动也在欧盟境内开展），进而降低供应链复杂性。

因此，考虑欧盟原材料竞争力的过程中，应从适当角度来看待本地原材
料生产。从全球范围来看，应将本地原材料生产与全球材料使用、欧盟的全
球原材料产量占比及欧盟原材料消费进口份额等指标进行对比。此外，还可
辅以生产成本数据。与此同时，还应考虑原材料生产的环境和社会效益数据。

自 20 世纪 70 年代以来，欧盟建筑材料的开采量和伐木量一直在稳步增
长，21 世纪初加速增长，到 2008 年金融危机后出现明显减少。多年来，欧盟
在建筑矿物和木材方面基本能保持自给自足。然而，欧盟的工业矿物开采一
直停滞在 20 世纪 80 年代的水平，其中金属产量并未随着全球金属需求的井

喷式增长而快速增长，反而产量略有下降。数据表明，欧盟原材料的加工量超过了其开采量。这主要是由于进口和回收的结果。然而遗憾的是，目前并没有欧盟再生原材料产量的综合数据，有迹象表明，欧盟在原材料回收利用量方面有望居于全球领先地位。全球数据表明，自 20 世纪 80 年代以来，再生铜和铝材料产量平均增长了五倍。

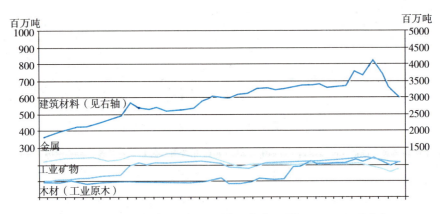

附图 1 – 5　欧盟本地原材料开采量（欧盟 28 国，1970—2010 年）

资料来源：赛迪智库原材料工业研究所根据 2016 年欧盟《原材料计分牌》报告整理。

从就业来看，2012 年，欧盟原材料工业总共创造了 2800 亿欧元的增加值和 400 多万就业岗位。可以看出，欧盟原材料部门在经济上的重要性远不仅是采矿和加工等经济活动。事实上，当从金属矿开采（73 亿欧元）到基础金属制造（600 亿欧元）时，下游产业的附加值几乎增长了 10 倍。与此相类似，当从基础金属制造转移到成品制造时，附加值增加到了 7110 亿欧元，占总制造附加值的 40% 以上。

就业数量方面也呈现了类似的趋势。原材料的安全供应是下游制造业工作岗位的关键所在。这些行业包括金属加工制品、电子产品、机械和装备生产制造等。金属矿开采创造了 1.6 万个就业岗位，基础金属制造创造了近 100 万个就业岗位（占整个制造业就业岗位的 4%），下游产业创造了 1100 万个就业岗位（占整个制造业就业岗位的 40% 以上）。

创新对于欧盟保持国际竞争力至关重要。尽管原材料行业是低研发强度的行业，自 2003 年以来，顶尖企业的年研发经费几乎翻了一倍。2009—2013 年间，其增长速度是公共研发投资的两倍多。

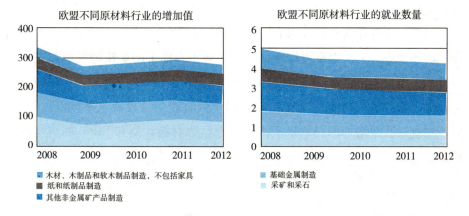

附图 1-6　2008—2012 年欧盟部分原材料经济部门按要素成本计算的增加值
（左，单位：十亿欧元）与就业数量（右，单位：百万人）

资料来源：赛迪智库原材料工业研究所根据 2016 年欧盟《原材料计分牌》报告整理。

　　欧盟原材料行业的专利申请数量呈现下降趋势。受全球经济衰退的影响，2000—2011 年间，欧盟原材料行业的专利申请总数下降了 35%。原材料行业专利申请总数中最多的是基础金属类，其次是生物材料、非金属矿产品、回收、采矿与矿物加工。尽管如此，2011 年，欧盟仍然占据了欧盟、澳大利亚、加拿大、日本、俄罗斯和美国这些地区专利申请总量的 36%。

　　要想占据创新的制高点，欧盟需要必要的知识、技能以及熟练的劳动力。从全球来看，90% 多的矿物加工专业毕业生在亚洲、非洲和中南美洲接受教育。西欧所占的比例小于 1%。相关数据还显示，欧盟的原材料相关教育课程数量在减少。采矿及矿产资源行业正面临严重的人才短缺问题。

　　（三）采矿条件

　　进一步分析金属矿开采可以发现，有若干种金属材料是在欧盟境内开采的。就基础金属来说，欧盟生产铝土矿，主要的铝矿大多集中在匈牙利和希腊；许多国家分布有铜矿和锌矿；铁矿主要来自瑞典。此外，锰矿集中在匈牙利，镍矿集中在北欧和南欧，铅矿集中在希腊、保加利亚和瑞典。欧盟各国也广泛生产金银等贵重金属，尽管数量较小。此外，欧盟一些国家也开采重要原材料，例如，芬兰开采铬；南欧开采钨。事实上，欧盟有潜力提高现有产量，并建设新的生产地点。尽管如此，欧盟整体上仍严重依赖进口来满足其金属需求。

对于矿产勘探活动，数据表明，欧盟的矿产潜力并未得到充分开发和利用。矿产勘探是采矿生命周期中的重要一环，有助于新矿床的发掘和新矿产的开采。但近年来，无论是欧盟还是全球，金属矿产勘探投资均呈现稳步下降趋势，欧盟境内的金属勘查活动相对十分有限，且投资水平较低。因此，矿产勘查是欧盟增加原材料供应战略（包括原材料计划和EIP）的重要组成部分。

附图1–7 欧盟28国的矿床、矿点和矿体分布（2010年）

资料来源：赛迪智库原材料工业研究所根据2016年欧盟《原材料计分牌》报告整理。

国家矿产资源政策、矿产资源数据、环境保护条例、公众接受度等制度框架条件，可能对采矿业的发展带来积极或消极的影响，从而影响整体的原材料供应安全。稳定的矿产资源政策框架有利于鼓励可持续的采矿业发展。由于欧盟进口大部分的原材料，对原材料来源国的政策框架开展监测也有助于发现潜在的供应风险。欧盟各成员国的矿业政策框架有很大差异。一些成员国得分较低的原因包括：一是当前法规部门的不确定性，导致采矿作业很难做出长期规划；二是现阶段法规贯彻不力；三是监管重复。

公众接受度是影响采矿企业运营的另一个重要因素。也就是说，采矿企业运营不仅需要获得政府许可，还需要获取相关社区的信任，以获得社会许可。

与其他经济部门相比，欧盟对开采活动的公众接受度较低。欧洲公众认为，与食品生产、建筑或化工等其他行业相比，采矿和油气公司对社会的负责任行为最少。相较于欧盟以外的其他国家，欧盟民众对开采业的整体信任度相对较低（50%以下），对矿业企业的社会责任感普遍不信任。

（四）循环经济和回收利用

作为线性经济的一种替代模式，循环经济旨在尽可能增加产品和材料的价值，并减少垃圾。当某一产品达到使用年限时，循环经济内的资源将重复使用，以创造进一步的价值。2015年12月2日，欧委会发布了"循环经济计划"，旨在通过回收利用来增加产品生命周期内的价值，提高欧盟的全球竞争力，促进可持续经济增长，并创造新的就业岗位。

从总体来看，欧盟使用的70%以上的原材料来自本地，16%来自进口，13%来自回收利用。欧盟每年的材料加工量达到77亿吨，其中35亿吨（45%）用作能源，42亿吨（55%）用作材料。就后者来看，35亿吨用于建筑、基础设施等使用年限较长的产品中，在达到使用年限后将进行回收利用。其中可回收约一半的材料，用以抵消开采初级原材料的需求。最后，还有一部分材料变成了无法回收的排放量和残余物。

从具体产品种类来看，非金属矿物，包括建筑矿物和工业矿物，占欧盟材料使用量的70%。其中90%以上为建筑部门使用的沙、砾石、石头或黏土材料。约有1/5的生物质用作各类材料，其中木材的比例最高。约有12%的生物质为用于建筑或家具等持久性木制品及造纸的木材。2005年，欧盟约有44%的木材得到回收；其中64%为回收，2%为重复使用，34%用于能源

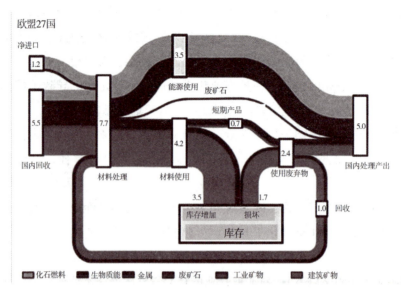

附图 1 – 8 欧盟 27 国材料流动（2005 年）

资料来源：赛迪智库原材料工业研究所根据 2016 年欧盟《原材料计分牌》报告整理。

生产。约 17％用于造纸，回收率达到 40％以上。尽管金属具有重要的经济价值，但是欧盟金属材料消费的比例很小。目前，整体的废旧材料回收率约为76％，但回收材料对满足材料需求的贡献仍相对较低。

数据表明，欧盟经济中的原材料循环使用率相对较低，仅略高于全球平均水平。欧盟大多数的材料消费由建筑材料组成。提高材料的重复利用与回收率有助于循环经济的发展。由于用于增加生产性库存的原材料数量高于退役的产品，导致对原材料的需求超过了循环利用所能提供的原材料数量。只要这种情况一直持续下去，即便材料的回收利用率有所提高，仍需要开采一次资源来满足欧盟的材料需求，因为许多材料需要等上数十年才可进行回收利用。此外，欧盟经济中原材料的循环利用情况还可以通过延长产品寿命（如维修、再利用）或者提高材料和产品的回收率来改善。

某些材料的回收率相对较高（如一些广泛使用的金属）。然而，对大部分材料而言，回收仍明显无法满足材料需求。也就是说，高质量的回收利用目前在技术和经济上仍不可行。

电子电气设备废弃物（WEEE）的管理为欧盟挖掘回收有价值原材料的

潜力提供了新的思路。电脑、电视、冰箱和手机等电子电器设备废物（WEEE）是欧盟增长最快的废物流之一。2012 年，欧盟产生了 900 万吨的电子电气设备废弃物，到 2020 年预计将增加到 1200 万吨。然而，只有 1/3 的电子电气设备废弃物得到回收利用。欧盟各成员国对电子电气设备废弃物的收集和回收再利用水平大不相同，这就表明，欧盟的资源利用率还有较大的提升空间。

　　由于废弃物越来越值钱，近 10 年来，跨境废弃物运输以及二次原材料的净出口有了显著增长。欧盟向外出口的废钢约 1800 万吨，废纸和废纸板约 1100 万吨。

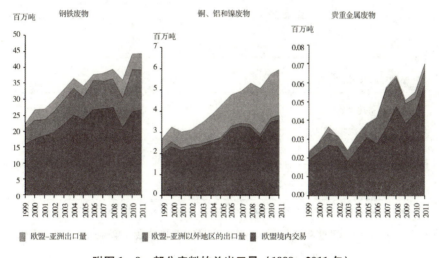

附图 1－9　部分废料的总出口量（1999—2011 年）

资料来源：赛迪智库原材料工业研究所根据 2016 年欧盟《原材料计分牌》报告整理。

（五）环境和社会可持续发展

　　原材料工业为能源密集型行业，大气排放主要来自采矿和采石过程中的燃料使用，以及后续的生产制造过程。能源和燃料的使用将导致二氧化碳和甲烷等温室气体排放。例如，金属行业每年消耗 8% 的全球一次能源，原材料行业还将造成颗粒物、对流层臭氧形成气体（TOFP）及导致酸化和富营养化的（二次）颗粒物和物质排放，这些将对人类健康和生态系统产生有害影响。

　　气体排放趋势表明，原材料生产与空气污染及温室气体排放之间出现了解耦效应①。1995—2009 年间，欧盟原材料生产所产生的气体排放减少了 10%—40%。这一减少主要反映了欧盟能源的转型，以及空气排放管理系统的使用及效果。

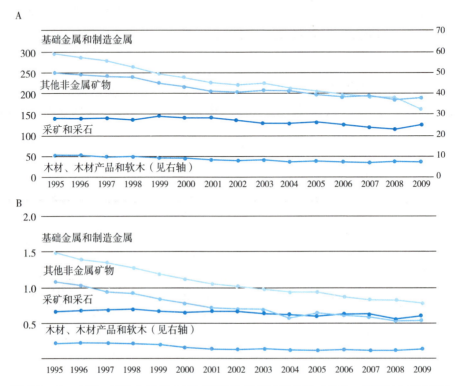

附图 1-10　1995—2009 年欧盟 27 国 GHG 和 TOFP 排放量（单位：百万吨二氧化碳）

资料来源：赛迪智库原材料工业研究所根据 2016 年欧盟《原材料计分牌》报告整理。

水资源是环境可持续性的另一个重要方面。然而，尚未找到合适的数据可以用来合理、准确地比较原材料行业中水资源的利用。理想情况下，水资源利用指标应该涉及水资源使用强度、水资源循环再利用、废水排放，以及本地水资源的获取难易程度等。

同样，关于废渣管理也没有合适的数据。更好地管理和回收废渣有望给欧盟提供额外的原材料供应，并进一步减少采掘业对环境的影响。

---

① 耦合是指两个或两个以上的体系或两种运动形式间通过相互作用而彼此影响以至联合起来的现象。解耦就是用数学方法将两种运动分离开来处理问题，常用解耦方法就是忽略或简化对所研究问题影响较小的一种运动，只分析主要的运动。

关于木材的可持续供应，欧盟森林的面积和木材生产储备在经历了几个世纪的采伐之后再次出现增长，所有成员国的采伐率都在 100% 以下，且大多数都低于 85%。

职业健康与安全对于社会可持续发展十分重要。尽管原材料产业较易受到职业危害（与建筑业等一些高危行业的事故率处在同一级别），事故率自 20 世纪 90 年代中期以来一直在降低。

此外，欧盟原材料行业在可持续发展报告方面是世界领导者。全球报告倡议组织（Global Reporting Initiative，GRI）有关原材料行业的报告中，约 1/3 是由总部位于欧洲的公司完成的。

三、欧盟等发达国家实现原材料工业可持续发展的经验

（一）建立健全有关法律和标准体系，完善市场环境

为拉动再制造产业的需求，欧盟颁布 "汽车材料回收" 法规，规定从 2005 年起新生产汽车材料中的 85% 必须能够再利用。此外，欧盟还通过制定减排限额标准，鼓励企业加大 "绿色投资"，用标准引导市场。英国利用价格信号机制促进企业主动降低能耗，通过产品 "碳足迹" 标识，记录和显示单位产品的能耗和排放，引导消费者购买生产过程消耗能源少的产品。

（二）研发高效、绿色、可循环的材料制造流程

当前，世界钢铁产业尚未出现突破性的新制造流程，世界钢铁产业已开展高效、绿色制造流程的核心技术研究，重点研发节能减排、降低成本以及提高企业竞争力等。欧盟投入巨资开展低碳技术研究，包括提高能源使用效率、增加可再生能源所占比例、低碳发电、温室气体减排技术等，并结合钢铁工业实际实施超低二氧化碳炼钢项目（ULCOS）。日本实施 "环境和谐型炼铁工艺技术项目（COURSE50）"，主要开发高炉二氧化碳减排技术和高炉煤气中二氧化碳的分离、回收技术。美国主要通过提高能源效率实现二氧化碳减排，正在进行的研究包括利用熔融氧化物电解（MOE）方式分离铁，利用氢或其他燃料炼铁。

（三）开发高性能、低成本、近终型、易加工的材料

为保持钢铁材料作为基础原材料的主导地位，提高世界钢铁工业的竞争

力，国内外钢铁企业都在积极利用工艺技术的进步开发研究高技术含量、高附加值、低成本产品。如高强度钢（HSS）和超高强度钢（AHSS）品种，少镍少钼的高耐蚀新型不锈钢，长寿命、抗疲劳的轴承钢以及工模具钢，具有耐腐蚀、耐火、耐热、耐低温、耐磨、抗震等功能的建筑用钢、装备制造用钢以及交通用钢，具有抗压、防爆功能的容器钢、装甲钢，具有止裂功能的特厚板以及适应不同应用要求的复合材料等。

（四）发展循环经济，高度重视城市矿产资源利用

发达国家纷纷加快部署，采取立法和财税支持等多种手段，推动再生资源回收等行业快速发展。如欧盟提出将在未来10年重点发展低碳产业与循环经济，到2020年实现主要金属和建筑材料基本由再生资源提供。由于回收铝产品的相关环境优势，一些市场领域建立起鼓励回收利用的奖励机制。例如，美国绿色建筑委员会（USGBC）开发的能源和环境设计系统领导（LEEO）制定了在建筑产品上采用再生铝和回收利用材料的标准和奖励机制。

日本拥有相对成熟的废旧资源回收利用网络和交易市场，再生利用资源的回收和再加工发展迅速，日本的城市垃圾中有一半以上已经实现了资源再利用化。例如：废塑料和橡胶等的回收利用率近90%，生活垃圾的回收利用率超过32%，再生铝、再生铅、再生铜的产量达到总产量的99.6%、62%、13%。欧洲对于废弃物的回收利用比较先进，如有色金属的平均回收率约为34.8%，铜、铝、镍、铅和不锈钢等大量常用金属的回收利用率达到40%左右；包装物的回收利用平均达到55%，其中德国达到70%以上。总体上，目前，全世界钢产量的45%、铜产量的62%、铝产量的22%、铅产量的40%、锌产量的30%、纸制品的35%来自于发展城市矿产产业的资源回收利用。

四、对我国原材料行业实现可持续发展的启示

（一）完善法律法规政策体系

一是系统梳理现有原材料领域相关的法律法规政策，总结其实施效果及不足。二是借鉴国外先进经验。充分调研国际上相关法律法规政策的制定及执行情况，总结成功经验。三是制定相关法律法规政策。在节约能源基本法律《节约能源法》的基础上，配套制定原材料领域可持续发展相关行政法规，

条件成熟时也可将其提升为专项法律。

（二）提升材料产品标准

一是按照《国家标准化体系建设发展规划（2015—2020）》要求，瞄准国际先进水平，健全相关材料标准体系。二是推动新标准贯标，新上项目严格按照新标准审批，严禁新上低标项目，对现有的低标企业、产品逐步淘汰。三是积极参与材料相关国际标准制定，加快国外先进标准和国内标准的双向转化，提高标准有效供给水平，拓展产品应用空间。

（三）制定财税扶持政策

一是充分利用现有专项资金渠道，对实现原材料领域可持续发展的企业以"后补助"的形式进行支持。二是推进新材料首批次保险补偿机制，鼓励下游用户使用新材料，提高材料效率。三是通过税收调节来提高材料使用效率，适时推出碳税、土地填埋税等税种。

（四）推动商业模式创新

一是鼓励产品共享。倡导共享经济，鼓励共享而非独享某些使用率不高的产品。二是推进租赁服务。鼓励生产型企业发展服务型制造，提供大型设备、生产线租赁服务。三是完善碳排放权交易机制。尽快建立全国性的碳排放权交易市场，发展碳金融商业模式。

（五）深化国际交流合作

一是围绕原材料领域可持续发展开展人才交流与国际培训，引进境外人才队伍以及先进技术和管理经验。二是鼓励境外企业和科研机构在国内设立相关研发机构或分支机构，提升国内原材料可持续发展水平。三是落实"一带一路"战略部署，支持国内原材料企业"走出去"，输出先进产能。

附录2　广东省"多管齐下"推动建筑陶瓷产业转型升级

广东省是我国建筑陶瓷产业规模最大、企业数量最多、产业链最完整的省份，但随着环保压力不断加大、劳动力成本优势丧失、低端产能过剩等问题不断突出，行业增速开始整体放缓，甚至出现负增长。为加快转型升级，广东省积极采取措施，多管齐下，通过提升智能制造和绿色制造水平、借助国际产能合作引导企业走出去、利用互联网创新市场营销模式、加快服务转型升级等，加快推动建筑陶瓷行业转型升级，并取得良好效果，为全国建筑陶瓷行业产业转型升级提供了经验。

一、广东省建筑陶瓷产业现状及问题

（一）发展现状及特点

1. 产业规模稳居全国首位

广东省的建筑陶瓷企业数量之多，规模之大，就目前而言，其他省份尚无法攀比，稳居全国之首。在国内排名前十位的陶瓷产区中，广东省有四个入围，分别是佛山产区、肇庆产区、清远产区和江门产区，日产能均破百万平方米。据统计，广东省建筑陶瓷产量约占全国建筑陶瓷总产量的1/4左右，主营业务收入占全国建筑陶瓷业主营业务收入的30%左右。除了产量规模优势明显外，出口规模优势也较为显著，出口量占全国出口总量的70%左右。

附表2-1 全国前十位陶瓷产区日产能　　单位：万平方米

产区	日产能
广东肇庆	392.6
广东佛山	329.8
福建晋江	327.3
山东淄博	308.7
江西高安	261.6
广东清远	248.1
山东临沂	197.2
广东江门	166.4
四川夹江	156.2
辽宁法库	117.8

资料来源：赛迪智库原材料工业研究所整理。

2. 产业增速告别高速增长时代

随着我国经济发展进入新常态，环保压力日益加大、下游需求拉动不足、产能过剩矛盾突出等问题日益加剧，广东省建筑陶瓷产业发展增速明显放缓。尤其自 2011 年后，广东省建筑陶瓷产量增速更是开始大幅下滑，甚至出现负增长，增速整体开始放缓，基本告别了过去高速增长的时代。

附图 2－1　2009—2016 年广东省陶瓷砖产量及同比增长率

资料来源：Wind，赛迪智库原材料工业研究所整理。

3. 综合创新能力全国领先

广东省拥有唯一的国家级建筑陶瓷研发中心，以此为依托还建立了国家建筑卫生陶瓷生产促进中心、国家日用及建筑陶瓷工程技术研究中心等公共创新平台，此外广东蒙娜丽莎集团有限公司、广东科达洁能股份有限公司等龙头企业还具有国家级技术研发中心，因此广东省一直代表了我国建筑陶瓷行业的创新发展方向，从新产品、新花色、新工艺等方面都引领着我国建筑陶瓷行业的潮流。在这样的研发背景下，广东省建筑陶瓷的产品开发也在全国处于领先地位，产品在装饰图案上呈现出多样化的局面，仿木纹、仿皮革、仿天然石材、仿竹、仿金属等新兴图案砖在近几年大量涌现，更是推出了全国首块大规格薄型陶瓷板，推动整个建筑陶瓷行业走向"薄型化"的绿色环保之路。

4. 产业链和配套服务体系完善

从产业链来讲，广东省的建筑陶瓷产业已经形成了较为完整的产业链，不仅拥有建筑陶瓷研发、交易、展示博览、文化中心等四大中心，以及建筑陶瓷生产、流通、人才培训、设备配件等四大基地，还有压机、抛光机、印花机、窑炉、熔块、色料、釉料等相关陶瓷装备和原材料生产厂家，以及科研院所、物流、会展、中介等相关配套企业，形成了完备的产业支撑保障体系。此外，广东省还是我国最大的陶瓷装备制造业基地和陶瓷化工色釉料生产基地，以陶瓷制造为主链，整合了众多产业资源，形成了强大的整合优势。

5. 区域品牌效应显著

根据2016年中国品牌价值500强的名单显示，共有6家建陶企业入围，且全部属于广东的建筑陶瓷企业。随着这6家建陶品牌在中国品牌价值500强中的实力彰显，能够清晰地看到广东省建筑陶瓷企业对塑造品牌文化形象的重视。

附表 2 – 2   2016 年广东省建筑陶瓷品牌入围中国品牌价值 500 强情况

排名	品牌名称	品牌价值（亿元）	品牌运营商
171	东鹏	197.16	广东东鹏控股股份有限公司
205	马可波罗	165.24	广东马可波罗陶瓷有限公司
268	冠珠	133.89	广东新明珠陶瓷集团有限公司
378	蒙娜丽莎	90.71	广东蒙娜丽莎新型材料集团有限公司
476	新中源	71.26	广东新中源陶瓷有限公司
500	金牌亚洲陶瓷	60.12	广东金牌陶瓷有限公司

资料来源：赛迪智库原材料工业研究所整理。

（二）存在的问题

1. 生产成本持续攀高

一是运输成本增加。随着建筑陶瓷产业的发展，陶瓷黏土、石英等原料资源供应日益紧缺，目前广东省建筑陶瓷所需原料需要从清远、肇庆、中山甚至更远的湖南、广西等地采购，随着运输半径越来越大，运输成本不断上涨。

二是燃料成本增加。随着《陶瓷工业污染物排放标准》的颁布实施，对陶瓷生产企业的环保要求越来越高，很多企业纷纷投入巨资进行环保改造、环保治理，并将能源改为天然气，燃料成本占生产成本的比例由30%提高到40%甚至更多，给企业带来较大压力。

三是人工成本增加。近几年珠三角地区频频爆发用工荒，在招工难的情况下，涨薪成为一个重要的手段。建筑陶瓷行业作为劳动密集型产业，大部分从事体力劳动的流水工，工资都超过了三千元，而对于高技术人员工资甚至过万，人工费用逐年增加。

2. 营销模式弊端凸显

目前广东省建筑陶瓷企业的销售模式多以区域代理商为主，这种营销模式能够大大降低工厂企业建设销售渠道的成本，使得企业有足够的资本进行快速扩张，但同时终端市场的定位包括价格、服务都掌握在经销代理商手中，弊端也显而易见。

一是在这种传统代理模式中，中间要经过多个代理环节才能到达终端销售商，导致终端产品价格提升，产品的市场竞争力降低。二是销售过程中大部分的产品利润被代理商拿走，生产企业所获不多。三是建筑陶瓷生产企业的经营管理能力难以得到提升，企业的销售人员也缺乏与之相符的营销渠道管理意识和能力。四是导致建筑陶瓷生产企业缺乏品牌竞争意识，只是注重在价值链低端制造环节的产品竞争。

3. 自主品牌影响力弱

广东省建筑陶瓷产品产量一直居于世界前列，但自主品牌在国内外的高端市场却只拥有很少的市场份额，在国际市场上缺乏竞争力，多数产品依然靠量来夺取市场占位。

目前广东的陶瓷企业除了蒙娜丽莎、东鹏、马可波罗等近10家企业有一定的规模和品牌影响力外，大部分建筑陶瓷企业资产规模普遍偏小，有些也只限于本地具有知名度，一旦放在全国或全球的大背景下就鲜为人知了。

究其原因一是广东省建筑陶瓷企业总体技术水平不高，虽然技术设备较好，但是先进设备使用率不高，且比较缺乏相关的专业人士，使得自主品牌建设面临难关；其二是研发能力不够，设计缺乏内涵，在创新方面与意大利、西班牙等陶瓷强国有很大的差距；三是企业规模小，影响力不大，品牌市场占有率不高，企业之间互相挤压、争夺资源，无法形成大品牌，抑制了品牌的创新，技术侵权和模仿问题严重。

4. 创新投入严重不足

广东省虽然建筑陶瓷企业众多，但大多数企业在技术创新和改造方面投入不足，创新能力不强。以佛山的建筑陶瓷企业为例，大中型企业占比约为16%，但R&D（研究与开发）经费与人员的投入占比只有0.2%和2%左右，专利申请总数和发明专利申请总数只占0.5%和5.6%，R&D的经费占销售收入的比重在佛山十大优势产业中排名倒数第一。

在产品设计方面，大部分企业缺乏自主开发能力，仿效性严重，产品的质量、技术含量和效益均缺乏国际竞争力。更有一部分建筑陶瓷生产企业满足于通过贴牌的方式来获得稳定的外销渠道，自动放弃向价值链高端环节延伸，产品附加值不高，对销售市场产生依赖。

（三）转型升级的驱动因素分析

1. 企业自身发展驱动

随着产能过剩矛盾日益突出、国内外市场衰退，建筑陶瓷行业的洗牌、调整明显加剧，每年都有大量的企业关门倒闭。目前广东省拥有一千多家建筑陶瓷企业，90%以上为中小型企业，这些企业在创新能力、人才队伍、企业管理、产品质量、节能减排、融资能力等方面均较为薄弱，在市场竞争环境和环保压力日益严峻的情况下，受到的冲击和压力都更大，据不完全统计每年迫于压力停工的建筑陶瓷企业约为30%左右，只有通过转型升级企业才能做大做强，才能在激烈的市场竞争中处于有利位置，因此建筑陶瓷生产企业自身追求做大做强的诉求是促进转型升级的重要驱动之一。

2. 消费需求提升驱动

广东建筑陶瓷产业的发展路径依然主要依靠要素资源投入和劳动力比较优势进行产业扩张，被动参与国际低端竞争的粗放型发展方式。随着经济发展方式的转变，这种传统大规模、低成本的产业发展模式已经陷入困境。再加上随着消费者对建筑陶瓷产品的设计、性能、外观、服务等要求越来越高，在国内建筑陶瓷产能过剩，市场疲软的情况下，一些高端仿古砖等高档建筑陶瓷产品仍供不应求，高端建筑陶瓷市场正在逐渐成为消费的热点。此外，随着国家建筑技术的变化、建筑节能改造以及居民生活水平的提高，对建筑陶瓷产品的要求也在不断提高，个性化、定制化产品越来越受欢迎，建筑陶瓷产品朝着多元化、个性化趋势发展。

3. 国际市场需求驱动

我国建筑陶瓷产业经过 30 多年的发展，年产量已经突破百亿平方米大关，在此背景下，产能过剩已经成了一个不可逆转的现实。再加上当前我国经济步入增速降低、结构调整以及驱动力转换的新常态，经济下行和产业转型的压力逐渐加大，国内建筑陶瓷的市场竞争日趋白热化。而此时，国际市场却依然对建筑陶瓷产品保持着巨大的需求，亚、非、拉等国家和地区的建陶产业仍处于初级发展阶段，市场空间巨大。广东省建筑陶瓷在生产技术、产品质量、企业管理、地理位置等方面都具有较大优势。借助"一带一路"和"国际产能合作"战略实施契机，随着我国经济与全球经济融合力度日益加深，建筑陶瓷产业加快"走出去"，进入亚洲、非洲等其他国家和地区投资建厂，已经成为了转型升级的重要驱动力。

4. 绿色发展要求驱动

建筑陶瓷行业本身属于高能耗、高污染行业，生产过程中消耗大量矿产资源和能源，产生的废气、废水、废渣、粉尘等对环境造成严重污染。广东省建筑陶瓷生产的过程中并没有十分注重对环境的保护，也没有制定严格的污染指标鉴定，一直都是以企业利润为前提，对环境保护的重视程度不高。目前环境污染过于严重，陶瓷的颗粒和二氧化硫等气体的排放超标，产生的废水、废气、粉尘、噪音等更给产区周边环境造成破坏，已经成为各级环境部门重点治理的对象，相关环保要求也在不断收紧。随着国家对生态文明建设的重视和大力推进，对广东省建筑陶瓷企业的清洁生产也提出了更高要求。

二、广东省推进建筑陶瓷产业转型升级的主要做法

（一）推进"煤改气"及其他清洁能源应用

1. 推进使用天然气等清洁能源

由于我国煤炭资源丰富，目前建筑陶瓷业的燃料仍以水煤气为主，但其燃烧物会产生大量的氮氧化物、二氧化硫等气体，严重污染空气环境。随着绿色发展的要求不断提高，《陶瓷工业污染物排放标准》也在不断修订，污染

物排放标准不断趋严，对企业的环保水平提出更高要求，因此建筑陶瓷生产企业使用天然气等清洁能源替代目前的水煤气等燃料，将成为未来主要的发展趋势。

附表 2 – 3　国内外相关陶瓷工业污染物排放标准要求

	欧盟	德国	意大利	中国台湾	中国香港	中国大陆
颗粒物	1—30（喷雾干燥） 1—5（陶瓷窑）	40	30（喷雾干燥）	100（喷雾干燥）	50	50
二氧化硫	500	500	30（喷雾干燥） 500（陶瓷窑）	—	—	50
氮氧化物	500（>1300℃） 250（<1300℃）	500	350（喷雾干燥） 200（陶瓷窑）	—	200	180
基准含氧量	18%	17%	实测	18%	18%	18%

资料来源：赛迪智库原材料工业研究所整理。

使用天然气等清洁能源作为建筑陶瓷行业的燃料，不仅氮氧化物、二氧化硫等污染物的排放大幅降低，而且天然气燃烧的热值比水煤气高，有助于提高建筑陶瓷产品的品质。但在推进的过程中也存在一些问题，一是企业要增加对现有窑炉进行适应性改造的费用；二是天然气较煤炭的价格高，企业的燃料成本增加；三是天然气的稳定供应存在风险。

为治理大气污染，广东省从 2014 年就开始推行建筑陶瓷行业"煤改气"，为了降低企业资金压力，保证"煤改气"的顺利推进，广东省出台了一系列政策文件加以支持，同时积极引进昆仑能源与广东九丰的合资天然气项目落户东莞，加强了广东省天然气管网建设与能源供应保障能力，为了降低企业负担，还积极推动天然气价格与市场联动。

附表 2 – 4　广东省出台的支持"煤改气"相关政策措施

发布时间	政策名称	地区	主要内容
2012. 10	《推进陶瓷企业"煤改气"工作实施方案》	清远市	对提前使用天然气投入生产的企业进行激励性补贴。
2013. 3	《清远市陶瓷行业综合整治工作方案》	清远市	

续表

发布时间	政策名称	地区	主要内容
2014.3	《肇庆市改善环境空气质量综合治理工作细化实施方案》	肇庆市	所有建筑陶瓷企业全部生产线使用天然气，或按要求进行综合治理升级改造后达标排放。
2014.8	《肇庆市建筑陶瓷企业改用天然气财政补贴实施细则》	肇庆市	对改用天然气的建筑陶瓷企业，每条生产线一次性奖励50万元。
2017.1	《佛山市2017年陶瓷行业大气污染深化整治方案（征求意见稿）》	佛山市	2018年1月1日前，划入高污染燃料禁燃区扩大范围内的陶瓷企业改用天然气。

资料来源：赛迪智库原材料工业研究所整理。

2. 推广清洁煤气化技术

鉴于我国"富煤、少气"的资源禀赋特点，煤炭的能源消费主体地位短时间内难以被取代，如果企业大面积使用天然气也会存在难以稳定供应的风险，因此加快推广煤炭的清洁高效利用显得尤为重要，其中煤气化是煤炭清洁利用的核心，即将原煤经过气化制成燃料气，经济性更好。在工业和信息化部出台的《建材工业鼓励推广应用的技术和产品目录（2016—2017年本）》中也明确将煤清洁化技术列入其中。

相比传统燃煤利用技术，清洁煤气化技术节能减排效果显著，不仅能够节约煤炭用量，而且大幅降低烟尘、二氧化硫、氮氧化物等污染物排放。此外，该技术还具有适应性强、制气成本低、过程清洁环保、运行成本低、设备使用寿命长等优点。

目前广东省已经在恩平、肇庆等地的陶瓷工业园积极推广配套清洁煤制气项目，采用清洁煤制气集中供气模式向整个园区供气，既保证了污染物的达标排放，同时又缓解了企业改用天然气后成本太高的问题。

附表2-5　广东省开展清洁煤制气情况

时间	地点	企业	商业模式
2015	恩平	恩平陶瓷工业园区	PPP模式
2015	肇庆	高要区金利镇金陶工业园区	PPP模式
2015	广宁县	太和环保建材产业基地	PPP模式

资料来源：赛迪智库原材料工业研究所整理。

（二）支持产业废弃物"变废为宝"

建筑陶瓷产品生产过程中需要消耗大量的陶瓷矿产资源，随着原料供应的日益紧缺，原料成本的不断攀升，合理地加强资源综合利用则显得至关重要。固体废弃物的循环再利用不仅有利于优质矿产资源的保护，而且能够降低企业生产成本，提高企业经济效益，有利于建筑陶瓷行业的健康、持续发展。

广东省一直高度重视建筑陶瓷行业的固体废弃物综合利用，出台的《广东省建筑陶瓷产业转型升级行动方案》中明确提出鼓励企业实现废水、废瓷等资源的综合利用，培育一批资源消耗少、环境污染小的清洁生产企业，并将对陶瓷废弃物的循环利用列入重点项目，包括蒙娜丽莎、新明珠等龙头企业都在积极开展相关项目实施，并取得积极进展。

附表 2 - 6　广东省建筑陶瓷企业循环经济范例

企业名称	循环经济范例
蒙娜丽莎	利用天然矿物和掺入50%以上的工业废渣等作为生产原料加工制造大规格、轻质（可浮在水面）、防火保温的新型无机轻质板材。
新明珠	利用陶瓷固废料，制造抛光砖和保温隔音材料，达到零排放。
东鹏	利用可再生的、几乎零排放的清洁能源"生态油"代替传统能源煤、油、气等能源。
一鼎科技	开发新型节能陶瓷原料加工关键技术装备及生产线，单位粉料加工综合节能35%以上，节水60%以上。

资料来源：赛迪智库原材料工业研究所整理。

（三）推动产业从"制造"向"智造"转变

1. 提升生产环节智能化水平

建筑陶瓷行业属于劳动密集型产业，随着人口红利的逐渐消失，用工缺口的逐渐增大，企业招工难的现象愈发普遍，尤其在喷涂等工作环境恶劣、重体力的生产环节，招工更是极为困难。加快生产过程的智能化水平，在检砖、打包、搬运等高强度作业环节推广使用机器人，不仅解决了招工难的问题，而且能够减轻操作人员的劳动强度，最大限度地避免操作人员发生错误的问题。因此加快对现有建筑陶瓷生产线的智能化改造，在一些繁重、重复的环节开展"机器代人"已经成为新常态。

为降低企业技术改造及购买工业机器人成本，广东佛山出台《佛山市扶持企业推进机器人及智能装备应用实施方案》，对于购买单体机器人及自动化控制设备进行智能技术改造的给予不超过 15% 的补贴。目前佛山市正在积极组织建筑陶瓷企业申报机器人及智能装备应用专项资金，示范项目最高可获得 100 万元补贴，东鹏、新明珠等龙头企业率先发力，对生产线开展智能化改造，在喷釉等环节使用工业机器人替代产业工人操作。据不完全统计，目前佛山市陶瓷行业应用的工业机器人已经超过 1000 台（套），自动化水平居全国领先。

附表 2 - 7　广东省建筑陶瓷企业开展智能制造情况

企业名称	典型做法
东鹏	对生产线进行智能化改造，工厂的设备实现互联互通，建立起国内首家建筑陶瓷智能化工厂。
金意陶	通过技术改造实现了陶瓷制造生产自动化、包装自动化和分级自动化。
蒙娜丽莎	建成国家示范能源管理中心，实现系统性节能降耗。
新明珠	在码砖、喷釉等环节使用工业机器人。

资料来源：赛迪智库原材料工业研究所整理。

2. 提升管理环节智能化水平

随着我国建筑陶瓷产业的不断发展，在产品制造环节与国际知名品牌的差距正在逐渐缩小，而在管理模式却上依然延续着粗放式经营的态势，生产管理水平的高低直接影响了建筑陶瓷产品的质量和价格。目前我国的建筑陶瓷企业普遍规模较小、精细化管理程度不够，造成人均产出和效能较低。在面临产品成本和环保成本增加、利润不断下滑的情况下，加快管理模式的精细化、智能化转型是企业提升发展质量和效益的必然。

广东省建筑陶瓷企业基于其地理位置优势，相比内地建陶企业较早地接触和引进了国外先进管理经验，在提升管理智能化水平方面取得较好进展，很多企业也已经建立起现代化的管理制度。一方面企业积极学习国外先进的管理方案，新中源陶瓷、蒙娜丽莎、和美陶瓷等企业派代表赴日本学习企业的精细化管理模式，正视自身管理不足。另一方面企业积极将智能化技术应用到企业管理的各个环节，推动管理智能化升级，其中东鹏陶瓷建设全国首家建筑陶瓷"智能工厂"，逐步打通制造、物流、营销等多环节的数据，并且公开招标条形码管理系统，逐步提升管理智能化水平。

（四）深入互联网思维促进产业电商化发展

目前绝大多数的建筑陶瓷企业销售渠道仍然以代理制、建材超市等传统分销模式为主，一方面是因为建筑陶瓷生产企业仍然以中小企业为主，另一方面也与传统分销模式自身具有经营手段和导购服务灵活，能够给消费者带来直观的展示分不开。营销渠道也以多级营销为主，营销渠道越长，意味着流通成本越高，到了渠道末端，产品价格过高，直接损害了消费者的利益，同时多级营销渠道的存在造成产品利润落在中间商的手中，生产企业获利较少。

为了更好地掌控销售渠道，把握产品的市场定价主动权，更好地服务消费者，广东省建筑陶瓷企业积极利用信息化、智能化水平开始对传统的分销模式进行变革，推动产业电商化发展，创新营销模式。佛山打造了全国最大的陶瓷产业链互联网平台——佛山众陶联产业平台，遵循"产业＋互联网＋金融资本"的模式，平台将分阶段建立营销O2O、物流、跨境电商等子平台，开拓营销渠道，降低营销成本。此外，顺辉陶瓷、蒙娜丽莎、东鹏陶瓷等龙头企业也积极利用智能化技术，优化产品营销模式，提高销售管控力度。

附表2-8　典型企业利用智能化技术提升流通环节情况

企业名称	主要进展
顺辉瓷砖	推出建陶行业第一个由制造企业自己经营管理的O2O平台——"顺溜网"，并将其与品牌的微信、微博和员工乃至消费者的微信、微博连接起来。
蒙娜丽莎	以天猫商城"蒙娜丽莎家居旗舰店"为渠道，全面开拓陶瓷艺术壁画线上消费市场，为消费者提供线上一站式销售线下服务，启动蒙娜丽莎陶瓷薄板O2O电商平台——绿屋网。
东鹏	"东鹏宅一起"O2O体验馆正式亮相，线上"东鹏天猫旗舰店"逐步与线下东鹏渠道融合发展。

资料来源：赛迪智库原材料工业研究所整理。

（五）引导发展总部经济

目前我国建筑陶瓷产业的价值链格局已经基本形成，对于大部分的低端建筑陶瓷产业链，生产制造过程对价值链的贡献最高。而根据价值曲线来看，价值链要想得到攀升，向价值链两端延伸（研发设计、市场营销、品牌服务），进而实现价值链的整体攀升。

广东省为实现建陶行业转型升级，提出大力发展总部经济，将一般性的生产环节外迁，将附加值较高的研发、物流、商贸、信息、会展等服务型环节及高端产品制造环节留下，实现从制造业中心向服务业中心的转型。

为推进总部经济的快速发展，广东省一方面安排专门资金进行扶持，另一方面制定相关产业转移政策，确定佛山与省内清远、河源、肇庆、揭阳、阳江等五地的企业和人口"双转移"。同时佛山市也通过资金扶持、帮助企业做好职工安置工作、维护社会稳定等方面引导产业转移和提升。促进一般性建陶生产制造基地外迁，而研发、营销、设计等部门则加速集中。

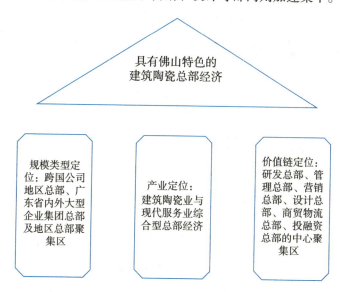

附图 2-2　构建具有佛山特色的建筑陶瓷总部经济

经过多年的调整发展，目前佛山总部经济模式已经初步形成，聚集了包括东鹏、RAK、格仕陶、新中源、新明珠、赛德斯邦、宏宇等多个国内外知名建筑陶瓷企业的管理总部、营销总部等，建成了目前全球最大的建筑陶瓷产品集散地和商贸交易中心。构建具有佛山特色的建筑陶瓷总部经济。

（六）加强产品创意设计

我国建筑陶瓷产业发展历史悠久，是全球生产大国，但在国际市场竞争中，产品设计与国际知名品牌相比总体较为落后，创意设计不足，造成出口产品单价较低，在占领国际市场、实现全球化发展上困难重重。

广东省近年来更加注重建筑陶瓷产品的创意设计，提升产品附加值。建陶企业积极采取行动，金意陶、蒙娜丽莎、东鹏等龙头企业还建立了技术研发设计中心，东鹏陶瓷设立行业唯一一家凝聚原创力的陶瓷艺术馆等，在陶瓷砖花色图案、产品应用设计开发、应用整体解决方案的设计创新等方面加强创意设计和研发。东鹏瓷砖着重加强瓷砖表面形态的创意设计，推出"世界之美"系列产品；简一大理石瓷砖举办设计主题沙龙活动；罗浮宫陶瓷推出唯格石英砖；费罗娜水泥砖邀请知名设计大师，加强产品创意设计等。

广东省政府也加强引导提升产品的创意设计，在出台的《广东省建筑陶瓷产业转型升级行动方案》中明确提出建设建筑陶瓷产业创意城和创意设计中心公共服务平台，提升产品设计整体水平。其中佛山市率先启动，建设了中国·佛山石湾陶瓷创意谷，致力于打造世界级陶瓷创新中心和国家级文化产业示范园区，同时引进了全球知识资本创客中心、南风古灶工业设计创客中心、中国瓷砖博物馆等签约项目，为提高广东省建筑陶瓷产业创意文化设计提供保障。

（七）鼓励企业"走出去"

1. 加强国际产能合作

目前全国建筑陶瓷产能已经超过 130 亿平方米，约有 1/4 的产能未能发挥作用，同时伴随着我国经济发展步入新常态，房地产增速下降，国内建筑陶瓷市场需求和产能过剩的矛盾将更加突出。与此同时，出口市场也不容乐观，广东作为我国主要的建筑陶瓷出口大省，2016 年建筑陶瓷的出口量和出口额也分别下降了 7.6% 和 12.7%。

面临国内国外市场的双重压力，广东省建筑陶瓷企业借助"一带一路"战略实施，积极开展国际产能合作。基于企业规模普遍偏小，企业在海外市场单打独斗的压力较大，广东省建陶企业积极尝试"抱团"走出去。其中佛山陶瓷行业协会组织多个企业，在泰国建设陶瓷工业园，引导多家建陶企业入驻，积极开拓东盟、中东地区市场。

为支持企业加快走出去，广东省政府也通过资金奖励等方式，积极引导企业加强国际合作。设立了广东丝路基金，首期规模达200亿元，支持广东省企业赴"一带一路"沿线国家投资；夹江县出台《关于进一步拓展市场扩大陶瓷产品销售的政策意见》，鼓励陶瓷企业自营出口货设立外贸公司出口、在国外投资设立营销机构以及通过欧亚高铁、蓉欧高铁等实现产品出口，并对优秀企业给予一定资金奖励。

附表 2-9　广东建筑陶瓷企业国际产能合作的主要做法

"走出去"模式	典型企业	主要做法
建立国外营销网络	新中源	在迪拜设立销售分公司。
	蒙娜丽莎	在海外80多个国家建立近300个销售网点，同时与碧桂园、万科等房地产企业巨头合作，一起开拓海外市场。
	东鹏陶瓷	在意大利设立销售分公司。
技术装备走出去	科达洁能	海外销售产品包括原料设备、压机、窑炉以及整线销售，目前已经出口到北美、印度、东南亚、中东、中非等45个国家和地区。
海外投资建厂	科达洁能	积极推动"与优势海外合作伙伴合资建厂+整线销售"的新模式，在毛里求斯、肯尼亚、加纳、坦桑尼亚、埃塞俄比亚和阿尔及利亚等地均有了落地项目。
	蒙娜丽莎	与意大利 GRUPPO ROMANI 陶瓷集团合作，在意大利开设生产基地。
	简一陶瓷	与意大利瓷砖企业 LAMINAM 合作，在意大利开设生产基地。
	金意陶	与意大利陶瓷企业 Ceramica Valsecchia 达成合作，在意大利开设生产基地。

资料来源：赛迪智库原材料工业研究所整理。

2. 参与国际标准制定

近年来我国建筑陶瓷行业在国外不断遭遇反倾销调查，从欧盟施行高达73%税率的反倾销税，到韩国9.14%—29.41%的反倾销税率，中国陶瓷业正面临史上最大的反倾销调查大潮，范围也从欧盟开始波及更多的国家，并日趋频繁。反倾销案的影响，我国建筑陶瓷的出口量明显下滑，对广东省的建筑陶瓷产品出口影响尤为巨大。

为避免贸易壁垒，提升我国建筑陶瓷产品的国际竞争力，在国际市场上占据主动权，广东省建筑陶瓷企业开展积极参与国际标准制定。其中蒙娜丽莎公司成功跻身《陶瓷薄板》国际标准起草小组，成为首个参与陶瓷产品国际标准制定的中国企业，打破了长期以来意大利、西班牙垄断陶瓷行业国际标准制定的局面；广东宏陶陶瓷也多次作为代表参加国际标准化组织陶瓷砖技术委员会的工作组会议，参与相关陶瓷产品标准讨论。

三、对全国建筑陶瓷行业转型升级的启示与借鉴

（一）积极发挥民营经济的主动性和灵活性

一是充分发挥民营经济的灵活性和竞争性。广东省建筑陶瓷产业以民营经济为主，完全是在市场经济中发展起来的，因此具有很强的市场竞争性，而且在投资、生产、销售等方面表现出很大的灵活性。因此经济发展步入新常态，建筑陶瓷产业发展面临困境时，民营企业在转变发展方向和更新换代等方面相比国有企业更加灵活，对于市场竞争力较强的企业，积极转型升级，促进产业健康发展，而对于竞争力较弱的企业，可以选择退出或转产。

二是广东省大力推进民营经济发展。广东省政府出台《广东省促进民营经济大发展的若干政策措施》等相关政策措施，从投融资、市场准入、公共服务等多方面加强对民营经济的扶持，此外广东省各地也相继出台推进民营经济发展的相关文件，据不完全统计，相关扶持文件超过70个。

（二）加大政策扶持力度

一是加大财政扶持力度。为加快广东省建筑陶瓷产业转型升级，广东省、市、县各级政府部门先后出台相关扶持政策，加大相关专项资金对建筑陶瓷产业转型升级项目的支持力度，从智能装备改造、清洁能源使用、资源综合利用、加强国际产能合作等各个环节加大资金扶持，增加建筑陶瓷企业转型升级的动力。

二是加大人才激励政策。为充分发挥高层次人才对广东省建筑陶瓷产业转型升级的作用，广东省先后出台系列举措吸引高层次人才，同时积极引进一批高层次、高技能、通晓国际规则的管理和技术人才，对建筑陶瓷走出去提供人才支撑。对引进的国内外高端优秀人才从政策、办公场所、资金及生活各方面给予重点支持。

（三）强化环保倒逼机制

一是加强环保执法力度。广东省政府加大对建筑陶瓷企业的环保执法力度，加强对生产企业环保的日常检查和执法力度，对未通过环评的生产线依法予以关停；对超标排放的企业责令停止排放超标污染物限期整改，并处罚金；对逾期拒不缴纳排污费的处以应缴费用 1 倍及以上金额的罚款等一系列处罚措施，强化环保倒逼机制，对污染排放不达标的企业加大处罚力度，推动建筑陶瓷企业向绿色产业转型升级。

二是开展清洁生产审核。广东省早在 2002 年就在全省建立了推行清洁生产的协调机制，协同推进企业实施清洁生产，并先后出台《关于加快推进清洁生产工作的意见》《广东省清洁生产审核及验收办法》《广东省清洁生产审核报告编制范本》等政策文件，对自愿性和强制性清洁生产审核工作实施统一管理，创新清洁生产推进模式。据了解全省目前已有 130 多家建筑陶瓷企业通过清洁生产审核，对至今尚未完成的企业，将加强督促，通过清洁生产的手段促进产业转型升级。

附录3　推动我国新材料生产应用示范平台建设的几点建议

一、建立新材料生产应用示范平台的必要性

（一）解决材料生产应用脱节的问题，促进上下游紧密结合

经过几十年的发展，特别是"十二五"时期国家对新材料产业发展的高度重视和大力支持，新材料产业在整体规模不断扩大的同时，技术创新能力、应用水平等方面都有较大提升。现阶段，新材料产业发展的主要矛盾已发生转变，从过去单纯的"无材可用"转变为"有材不好用""好材不敢用"，即生产应用脱节问题。生产应用脱节主要发生在两类材料上，一类是那些经过创新、品种、性能或稳定性等有重大突破，可以批量生产但还没有被下游用户接受和规模化应用的材料，脱节主要表现在三个方面，一是材料应用企

业不了解材料供应信息；二是材料的研发生产与设计、下游应用脱节，材料指标与设计、应用标准不一致，导致生产出来的新材料无法使用，即"有材不好用"；三是部分性能优异的材料，下游用户或是因为之前没有使用过，或是因为材料没有通过认证程序等，不敢使用，导致"好材不敢用"（排除材料价格因素）。另一类是新出现的材料，下游用户因不了解其使用性能而无法使用，如石墨烯性能优异，但下游企业普遍反映不知道如何利用其提高产品性能。

生产应用脱节制约了国产新材料技术和产业的发展，对材料企业、下游用户企业和产业安全等都产生了不利影响。解决新材料生产应用脱节的途径较多，如上下游企业间的兼并重组、交叉持股；成立协会、联盟等行业组织；成立资源共享、生产应用示范平台；推行首批次应用保险补偿机制等。生产应用示范平台可以将材料生产企业和下游应用企业、相关企业聚集到一起，联合对新材料应用技术进行攻关、对应用性能检验验证和优化改进，通过模拟或搭建下游生产线方式，检验验证新材料在器件、装备上的性能，并提供相应优化改进方案，缩短材料应用周期，促进材料企业与下游应用企业等紧密合作。

（二）切实弥补已有协会、联盟等行业组织的先天不足，形成上下游利益共同体

协会或联盟等行业组织是由企业、大学、科研机构等法人单位组成的非盈利、合作性的社会组织，为行业代言，向企业提供咨询服务、员工培训服务、市场调研服务、信息服务、产品展览服务、国际商务联络服务等，可以解决上下游企业间信息不对称问题。行业组织多为同行业企业构成，相对比较松散，属于自愿结合，成员单位缺乏法律上的、经济上的强有力的连接纽带，行业服务职能众多，经费有限，所以行业组织很难促成材料生产企业和下游主要应用企业之间点对点的解决问题。由政府或企业等机构牵头组建的公共技术平台、创新平台等可以整合政府、企业、高校、行业组织等部门的优势资源，弥补单个企业，特别是中小企业创新能力不足的问题，但是已有的公共技术服务平台、创新平台大都关注共性技术、新技术或新产品的研发、成果转化、推广应用，在解决生产和应用环节之间的脱节问题上资源相对分散，效率不高。此外，还有部委批准设立的重点实验室、工程技术中心等从事基础研究、工程技术研发的类似平台，也都侧重于技术研发，在促进生产应用方面的作用偏弱。

生产应用平台的职能是打通生产应用之间的障碍，一方面可以消除批量生产的新材料的下游应用检验验证障碍，另一方面可以解决未量产的前沿新材料的商业化应用问题。生产应用平台集聚了材料和下游具体应用领域的技术、人才、设备、生产线、资本等资源，可以就具体材料、具体应用领域、具体生产工艺等出现的问题进行攻关，实现点对点的解决问题，提高下游用户对新材料的认可和接受度，加速新材料推广应用。

（三）适当调节市场失灵，激发企业或地方开展生产与应用合作的积极性

新材料生产应用示范平台需要建设应用评价设施、应用示范线等，对新材料应用在器件或装备上的性能进行检验验证，投入较高，企业自发组织成立生产应用平台的难度较大。中小企业无力负担；大型材料企业积极尝试和下游应用企业共建生产应用平台，但应用企业或者使用进口替代品，或者使用其他替代材料，和材料企业共建生产应用平台的积极性不高。特别涉及跨区域、跨行业的材料生产企业和应用企业合作问题，难度就更大。因此，单纯依靠企业力量，材料企业和下游应用企业很难自发建立生产应用平台，需要依靠政府这只"有形的手"进行战略引导。

政府可以组织协调新材料领域优质人才、资本、技术等资源，进行跨区域、跨行业的整合，集中力量解决新材料的下游应用技术攻关、应用验证难等问题。此外，政府可以对新材料生产应用平台的发展给予支持，或给予财政资金支持，或给予国家级称号奖励，激发企业建立生产应用平台积极性。成立国家级生产应用平台还可以起到示范带动作用，激励材料生产企业和下游应用企业联合建立生产应用平台，共同研究解决生产应用脱节问题。国家级生产应用平台可以为整个新材料产业服务，不再局限于为单个或者几个企业服务，有助于打破垄断，推动整体产业发展。

二、国内外平台建设经验总结

成立新材料生产应用示范平台在国内尚属首次，没有现成的经验可循。

因此，我们只能在总结国内外相关平台组建、运营经验基础上，提出适合我国新材料生产应用示范平台的构建办法。

（一）科技创新平台

对于科技创新平台，目前还没有统一的定义。从实践来看，科技创新平台是为创新活动提供支持与服务的系统，由技术装备、物理空间等硬件系统和制度政策机制、人才等软件系统组成，在科技创新的某个环节或某个阶段发挥基础性支撑作用。科技创新平台的类型有很多种。从科技创新的环节划分，有服务于研究与开发的重点实验室等基础条件平台，服务于进一步提升科技成果成熟度的工程中心、中试基地等，服务于科技成果产业化的科技企业孵化器、科技园等；从创新平台建设的主体划分，有政府主办、企业主办、社会机构主办以及多方联合设立运营的平台；从科技创新的要素划分，有技术转移平台、人才平台、资本平台等；从平台所处的地域划分，有国际层级、国家层级、区域层级等。

1. 国外经验

科技创新平台在推动科技创新方面发挥了积极的作用，美国、欧洲、日本、韩国等都大力发展科技创新平台。

（1）美国

1999年美国竞争力委员会发表《走向全球：美国创新新形式》的研究报告，首先提出了创新平台（platform for innovation）的概念，指创新基础设施以及创新过程中不可缺少的要素：人才和前沿研究成果的可获得性；促进理念向创造财富的产品和服务转化的法规、财务和资本条件；使创新者能够收回其投资的市场准入和知识产权保护等[1]。

美国的科技创新平台属于政府引导型，由企业、高校和科研机构、政府、其他机构等组成。政府在其中的作用主要是引导，通过制定科技创新政策、法规、计划等引导科技创新发展方向，为科技创新营造良好环境。平台的经费一部分来源于政府设立的专项资金，另一部分来自于企业投入配套。

---

[1] 邓衢文、李纪珍、褚文博：《荷兰和英国的创新平台及其对我国的启示》，《技术经济》2009年第8期。

（2）欧洲

欧洲技术平台由欧盟委员会于 2003 年提出。平台通常选择若干对经济和社会发展有重大影响的领域，自下而上将企业、高校和科研机构、政府、相关机构组织在一起，共同制订欧洲的创新计划，确定重点领域、期限和行动计划，通过法律、经济、技术等领域创新带动创新计划的实施，提升欧洲整体创新能力，增强欧洲工业竞争力，促进欧洲经济增长。

欧洲创新平台的重要特点是自下而上建立，在欧盟委员会的指导和推动下，平台通常由大企业牵头，中小企业、高校和科研机构、金融机构等共同参与。平台的经费来源一部分是政府资助，一部分是参与方共同投资。欧洲创新平台是欧盟科研框架计划的重要支撑。

欧洲的科技创新平台建设比较好的有英国、荷兰、德国等国家。

英国技术战略委员会于 2005 年 11 月推出了创新平台，并把它作为一项重要的科技计划，通过将各政府部门、企业和学术界的专家集聚在一起，推动社会加强创新，开拓新的市场机遇。技术战略委员会属于非政府部门的公共执行机构，是创新平台的发起者和重要资助者，由英国商业、企业和制度改革部领导，但又有一定的独立性，资金主要来自英国创新、大学与技能部，也接受来自其他政府部门的资助。英国的创新平台设有领导小组，小组成员由技术战略委员会、原英国贸工部（2007 年英国科技体系改革后由商业、企业和制度改革部继承贸工部的大部分管理职能）、各研究理事会、知识转让网①及政府相关部门的代表组成②。领导小组负责征求相关部门者意见、发布白皮书、公布和管理项目、出台政策法规、举办研讨会、开展可行性或案例研究等。英国创新平台有一套适合自己的运行机制，技术战略委员会会在充分调研基础上，提出建立创新平台；平台成立后，技术战略委员会会邀请知识转让网、相关部门共同商讨平台的发展战略，明确平台未来工作方向和重点。创新平台的项目通过竞争性投标方式申请，创新平台可以为项目提供公

---

　　① 以促进知识转移为目的，成员包括众多企业、大学、研究所、金融机构以及技术团体，主要功能包括举办会议，帮助成员结识商界和学界的伙伴；免费提供在线服务（报告、时事通讯、网络会议、行业信息等）；帮助成员获得资助机会（竞争性投标、知识转让合作协议、欧盟框架计划资助、尤里卡计划和其他风险投资）等，还向参与创新平台竞争性投标项目的成员提供指导。
　　② 颜振军：《科技创新平台建设的经验借鉴》，《北京人大》2011 年 9 月。

共资金。公共资金主要由技术战略委员会、政府相关部门、各研究理事会、地方机构及其他资助机构（如基金公司、研究所等）提供。创新平台研发项目开发的产品和服务可以享受政府优先采购的待遇[①]。

荷兰政府自2003年9月起成立荷兰创新平台，初期运行时间为三年半，2007年又启动二期平台。平台主要由政府、产业界、科研界的专家组成，平台主席由荷兰首相担任。在荷兰多层次的科技创新体系中，创新平台属于国家层面的协调和咨询机构，主要负责顶层设计，协助政府制定科技政策、提出科技支撑项目等。由于创新平台成员大都是产业界、科研界的专家，熟悉创新过程及问题，平台主席由首相担任，以及参与制定创新政策的相关政府部门（教育、文化和科学部以及经济事务部）参与，所以创新平台在决策效率和影响力上明显优于其他咨询机构。创新平台有其独特的运行机制，不直接向研发项目提供资助，而是通过研究确定创新的重点领域和重大战略，以及向政府提供政策建议，以此来引导项目资金分配。通过发起项目，创新平台直接影响政府的创新政策。平台下设项目办公室，专门负责启动、管理和监督项目执行，平台秘书负责管理项目办公室，并向首相汇报工作[②]。

德国科技创新平台是典型的政府引导、市场化运作模式。平台成员由企业、高校、科研机构、行业组织、银行等构成。创新平台采取公司化管理模式，实现运行机制市场化、服务对象社会化、绩效考核科学化。政府并不直接参与创新平台建设，但通过政府投入、法律政策等方式引导平台发展，以此整合创新资源，促进创新主体间的合作，加速科技成果的扩散和产业化。德国科技创新平台的最大特点是形成紧密的官产学研用结合体系，史太白体系就是这方面的典型代表。该体系由基金会、技术转移中心、咨询中心、研发中心、史太白大学及其他参股企业组成。史太白体系早期的资助主要来自巴符州政府，州政府每年给予史太白基金会50万—200万马克的资金；后来，州政府改变直接拨款的资助方式，通过政府采购服务给予项目支持。为体现政府对科技创新的意图，史太白体系基金会理事会理事由巴符州州长府及科

---

① 邓衢文、李纪珍、褚文博：《荷兰和英国的创新平台及其对我国的启示》，《技术经济》2009年第8期。

② 邓衢文、李纪珍、褚文博：《荷兰和英国的创新平台及其对我国的启示》，《技术经济》2009年第8期。

技等内阁部门、州议会党团代表在基金会理事会担任（占一半以上席位），他们负责制定基金会章程及服务准则①。史太白体系充当了科技与产业之间的"桥梁"，将德国雄厚的科研力量和高端制造业有机结合起来，加速了技术转移，促进了科技界和产业界的良好互动。

（3）日本和韩国

日本和韩国的创新平台属于政府主导型，以高校、科研机构、大企业为主体实行联合开发，强调产学研合作，经费主要来源于政府投入。

附表 3－1　主要发达国家创新平台建设特点

国家	政府角色	官产学研合作情况	经费来源	典型的计划、政策、法规
美国	政府引导	注重政府、企业、大学各方参与	政府设立专项资金，资助研发设施建设；企业配套；政府和企业共同投入	《国家信息基础设施》、《设施监管指南》、《研究设施法》、《设备管理指南》
欧盟	政府引导	注重科研机构、大学和企业的合作	政府资助，参与方共同投资	《欧盟跨国使用研究基础设施计划》、欧盟"地平线 2020"战略、《大型研究设施战略路线图》（荷兰）
日本	政府主导	以大学、研究机构和大企业为主体实行联合开发	政府投入为主	"国立大学等设施紧急整备 5 年计划"、"国家科技技术发展计划"
韩国	政府主导	强调产学研合作研发	政府投入为主	《面向先进一流国家的李明博政府的科技基本计划（2008—2012 年)》

资料来源：根据储节旺、邓方云的《国外研发平台建设经验及对我国的启示》整理。

（4）经验总结

一是政府在平台建设中起着非常重要的作用。一方面，政府通过制定政策、法规等为平台建设创造良好的环境，引导平台发展；另一方面，政府为平台建设提供经费支持，保障平台的运行，如美国国家科学基金会有两个主要账户为创新平台提供技术装备支持，一个是大型科研设备及设施建设账户

---

①　陈晓华、王德润：《德国科技创新平台建设特点与启示》，《安徽科技》2014 年第 4 期。

（MREFC），负责支持大型科研设备及设施项目；一个是中小型设施项目的研究及相关活动账户（R&RA）。在欧盟的"地平线2020"战略中，欧盟将研发经费占GDP的比例提高到3%，用以保证平台的日常运行和信息、通信等基础设施建设。日本政府在科研资金投入中设立专项调节费，用以支持创新平台的基础设施建设。

二是加强创新资源的整合和协调管理。为避免重复投资，提高创新资源使用效率，发达国家大力整合政府投资的创新资源，通过出台政策等方式加强创新资源管理。例如，美国、欧盟等纷纷出台正式的、具体的国家科研政策和计划，加强对创新资源的顶层引导和协调管理，其中比较有代表性的是美国、欧盟、英国。美国国家科学委员会每年都会向预算部门提出"制订跨部门计划和战略来确定跨部门的科研基础设施优先顺序"的建议；欧盟制定了《欧盟跨国使用研究基础设施计划》，明确规定欧盟内部要做到重大研发设施和仪器共享；英国科技办公室制定了《大型设施战略路线图》，明确规定了除非特殊情况，否则仪器设备和其他机构可以共享使用，严禁重复购买浪费资源。

三是建立了成功的"产学研用"或"官产学研用"运行模式。"产学研用"或"官产学研用"合作模式是平台成功运行的关键。企业始终是创新平台建设的主体，负责市场化运作创新平台，为平台提供配套资金，促进科技成果的资本化、市场化。高校、科研机构也是平台重要的参与方，与企业共同进行技术开发；政府是平台运作的重要指导者，为平台提供一定的资金支持，必要时与企业一起组成战略联盟，如美国政府与美国三大汽车制造商共同组成的"新一代汽车合作计划（PNGA）"战略联盟。日本和韩国政府在平台建设中的作用非常突出，形成了具有代表性的"官产学研用"模式，如日本政府出台了《产学共同研究政策》、《人才交流政策》、《知识产权与技术转移政策》、《促进大学风险企业发展政策》等来促进产学研合作，还开发各种商业计划，创造商业机会，鼓励产学研三方加入到创新平台中。有"韩国硅谷"之称的大德科技园也是政府、企业、大学等官产学研成功合作的典范。

四是建立科学合理的考核评估机制。创新平台持续良好运行，需要一套科学合理的考核评估机制对平台进行监督管理。考核评估机制的核心是设计一套科学合理的评价指标体系和绩效评价制度，以此加强平台的内部自律和社会监督。例如，美国国家科学基金会制定了《设备监管指南》，将内部自律和社会监督的考核机制用法律规范化，内部自律可以通过自我评价实现，社会监督通过对负责人考核、用户满意度调查等方式实现。除美国之外，其他国家也有完善的绩效考核机制，以此确保创新平台的有效运行，保证国家财政投入的合理性。

2. 我国经验

我国国家创新平台体系主要由以下三个部分组成：上游侧重于基础研究的国家实验室、国家重点实验室、省部级重点实验室，中游侧重于工程化研究的国家工程实验室、国家工程（技术）研究中心、省部级工程（技术）研究中心，以及下游侧重于应用研究的企业国家重点实验室和国家、省级企业技术中心等。除此之外，与这些实验室、技术中心等相配套的还有生产力促进中心、技术转移中心等创新服务平台，以及产业技术创新联盟，它们共同构成了我国的创新平台体系。

我国国家创新平台的资金来源有两个渠道，一是财政资金，用于支持具有正外部性的、单靠市场机制解决不了的公共创新活动；二是企业、科研机构等的资金，用于满足创新活动需求。

目前，我国建设了很多创新平台，但与国外发展较好的创新平台相比，我国创新平台建设还存在如下问题：一是创新平台的创新活动没有充分考虑市场需求，与应用存在一定程度脱节；二是创新资源共享程度偏低；三是创新平台参与主体的利益保障机制有待进一步完善。

（二）协同创新中心

1. 美国的工程技术研究中心（Engineering Research Center，ERC）

美国的工程技术研究中心是美国国家基金委最早于1985年设立的，目前已经发展到第三代。该中心侧重于关注先进制造、能源和可持续发展、信息技术、生物技术与医疗健康等领域的发展，至今美国国家基金委共成立67个工程技术研究中心，现存21个。工程技术研究中心依托大学建设，在大学、企业、政府之间构建良好的运行体系。工程技术研究中心设立的目的是为了打破学术界和工业界存在的障碍，促进二者之间的交流，通过在工程技术研究中心内开展跨学科的研究工作，建立一种实验室、企业和研究人员（包括学生）协同的机制，提高大学的工程教育质量，增强美国企业的竞争力。

（1）主要特点

多部门共同资助。2008年以前成立的ERC主要由美国国家基金委资助，2008年之后的第三代ERC开始接受来自其他政府机构的资助，形成了多部门联合资助的态势。

多大学共同组建。第三代ERC已经形成一所大学牵头、多所大学参与的组织架构。美国国家基金委要求ERC必须是一所大学牵头、1—4所大学共同参与组建，不接受只有一所大学申请的ERC。同时，美国国家基金委要求，参与组建ERC的大学必须在研究领域具有互补关系，每所参与大学至少派出3名知名研究人员加入ERC，保证ERC的研究实力。

国外大学共同参与联合研究。美国国家基金委要求，除了美国国内学校联合申请组建，每个ERC必须吸纳1—3所国外大学参与，以此弥补国内大学在工程研究和教育中的不足，同时还可以为美国学生提供跨文化的研究和教育机会。

企业共同参与。美国国家基金委对ERC的资助期为10年，为促进产学研合作，国家基金委鼓励ERC吸纳企业成员，并重点资助吸纳了企业共同参与的ERC。第三代ERC更强调加强与小企业合作，以促进新技术快速转移。

完善的财务及管理系统。每个ERC都建有完善的财务和管理系统，保证ERC的可持续运行。

（2）运行管理

——资金来源

ERC的资金来源有美国国家基金委、工业企业、大学、地方政府以及其他政府机构。其中来自其他政府机构的资助在第三代ERC中占比较大。

附表3-2　ERC资金来源情况

部门	功能	职责	资助份额
国家基金委	整合者/催化作用	资金资助、管理指导、评估、协调沟通	30%（另有其他政府机构20%，地方政府10%）
工业企业	积极参与者	资金支持、合作研究项目、为科研人才提供实习机会	30%

部门	功能	职责	资助份额
大学	长期顾问和技术支持	提供研究设施和资源、学生教育和培养、开展研究	10%

来源：根据胡冬云、陶丹的《协同创新中心建设关键问题研究——美国第三代工程研究中心的启示》整理。

美国国家基金委发布项目需求，大学、学院或研究机构提出项目申请，国家基金委组织同行评议，评议通过后，给予资金支持。决定国家基金委是否资助的关键因素是申请者的研究水平和质量，其次是国家竞争力以及对工程人才的培养，综合多项因素之后，国家基金委才会给予资金支持。

美国国家基金委负责监督 ERC 的运行情况。一种是定期检查，每年会对 ERC 进行现场检查，并通过年度报告和拨款情况监督 ERC 的进展。在 ERC 资助期的第 3 和第 6 年，国家基金委会对 ERC 开展中期评估，以此确定是否续拨经费。另一种是不定期检查，国家基金委不定期对 ERC 的运行情况作综合分析，以帮助 ERC 解决运行过程中出现的问题。

2. 我国的"2011 计划"

2012 年，教育部、财政部联合启动实施《高等学校创新能力提升计划》，即"2011 计划"，重点构建面向科学前沿、面向文化传承创新、面向行业产业、面向区域发展重大需求的四类协同创新中心。该计划面向高校，以高校为实施主体，同时吸纳科研院所、行业企业、地方政府以及国际创新力量参与，以此提升我国高校的创新能力。"2011 计划"4 年为一个周期，由教育部、财政部每年组织一次申报认定，通过认定的中心正常运行期满后，教育部、财政部将委托第三方机构进行评估。

（1）主要特点

立足于全面提升创新能力。"2011 计划"的核心目标是提升人才、学科、科研三位一体的创新能力，在项目的设计、申报、认定和绩效评估上，改变过去单纯以论文、项目数量为主的单一的考核评价方式，转向注重创新质量和解决国家重大需求的贡献率等综合评价方式。

建立健全协同创新机制。协同创新机制建设是"2011 计划"的重点。一方面，依托高校建立协同创新中心，同时广泛吸纳企业、科研院所等力量，开展协同创新；另一方面，妥善平衡各方责任权利关系，探索知识产权成果转化、收益分配、管理等新模式，以保证协同创新中心科研资源的高效利用。

采用推动和引导相结合的方式。"2011计划"既具有推动性，也具有引导性。推动性体现在：在先期组建、充分培育协同创新中心的基础上，国家每年会择优遴选出一批国家协同创新项目，形成分层次实施的体系。引导性体现在：国家会引导所有的高校根据"2011计划"要求，同时结合各自实际，通过不同的层次和方式，积极参与协同创新。

（2）建设方式

根据教育部、财政部印发的《"高等学校创新能力提升计划"实施方案》的总体要求，由地方政府、主管部门以及行业产业和高校组织前期培育。从国际科技发展前沿和国家、行业、产业、地方的重大需求出发，结合高校自身的优势与特色，确定协同创新方向。组建模式上，由高校牵头，积极吸纳国内外优势力量，形成强强联合的协同创新体。建立实质性协同的组织管理机构，并结合协同创新体的特色与能力，切实地选择协同创新的模式与类型。充分利用现有国家、行业等方面的资源，积极吸纳地方、企业以及国内外社会的支持与投入。以人才作为协同创新的核心要素，加快与基地、平台、资本、信息、成果、仪器设备等创新要素的整合，形成协同创新的新优势。

（3）管理实施

由教育部、财政部联合成立"2011计划"领导小组，负责顶层设计、宏观布局、统筹协调、经费投入等重大事项决策。领导小组下设办公室，负责规划设计、组织实施、监督管理等工作，办公地点设在教育部。

由来自有关部门、高校、科研机构、行业企业、社会团体以及国际的知名专家组成"2011计划"专家咨询委员会，为重大政策、总体规划、评审认定、监督评估等提供咨询。

引入相对独立的第三方评审、监督机制，开展论证评审、定期检查和阶段性评估等工作，充分体现公开、公平、公正的要求。

（4）支持措施

经批准认定的"2011协同创新中心"，将得到政策支持与保障。国家、地方将根据实际情况和需求，给予中心新的、更大的政策支持力度。在人员聘用与评价制度、人才培养机制、招生模式以及国际合作与交流等方面，赋予"2011 协同创新中心"改革的相对自主权；在组织申报国家相关科技、文化、人才以及行业重点任务时，给予"2011 协同创新中心"优先支持。

中央财政设立专项资金，对经批准认定的"2011 协同创新中心"，可给予引导性或奖励性支持。在充分利用现有资源的基础上，积极吸纳社会多方面的支持和投入。

（三）制造业创新中心

1. 美国制造业创新研究所（IMIs）①

为跨越基础研究和产品开发之间的"死亡之谷"，打通"基础研究—应用研究—商业化"环节之间的障碍，重振美国制造业，美国政府决定建立制造业创新研究所，形成国家制造业创新网络。

制造业创新研究所重点开展以下工作：一是聚焦应用研究、开发和示范项目，降低新技术应用的成本和风险。二是开展各级教育和培训，提高劳动者素质。三是鼓励吸纳中小企业参与创新研究所，应用技术创新。四是做到基础设施共享，加速技术的产业化。

（1）运营模式

每个 IMI 都拥有较大的自主权，成立一个由成员单位代表组成的独立的信托董事会，同时选出执行董事负责 IMI 的日常运作。以增材制造业创新研究所（NAMII）的管理结构为例（见附图 3 - 1），董事会同时选出四名副理事，分别主管技术发展、技术转移、先进制造企业和人力资源/教育推广。董事会成员共同商议决定提案，内容涉及主要业务领域、会员资格、知识产权分配、投资金额、项目类型、资金分配等。此外，由 12 位分别来自不同联邦部门的官员联合组成技术咨询委员会，在国防部的牵头领导下就战略规划、技术方向、项目选择和审查等方面提出意见和建议。NAMII 还设有治理委员会和执行委员会。治理委员会由 NAMII 的重要会员、普通会员、小企业会员和制造扩展合作伙伴代表组成。执行委员会负责挑选合适的产业界和学术界代表，结合技术咨询委员会提名的政府部门代表，联合组建 NAMII 执行委员

---

① 冷单、王影：《美国国家制造业创新网络运行机制》，《中国经济时报》2016 年 1 月。

会，配合董事会开展具体工作。

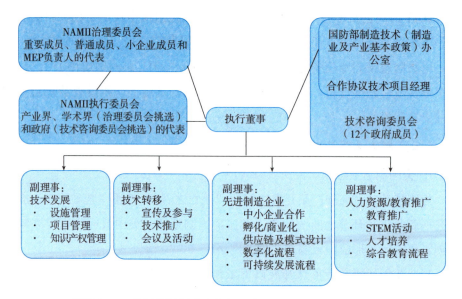

附图3-1　美国增材制造业创新研究所（NAMII）的管理结构

（2）资金、收益和可持续性

美国联邦政府对IMI的资金支持取决于每个创新研究所的研究领域和拟建项目，支持时间大约为7年，随着创新研究所资金来源渠道的拓展，联邦政府的资金支持规模会逐年减少。

第1年：IMI的政府投入占7年内政府总投入的15%。其中，设备投入约占10%，基础项目资助约占3.6%，启动资金约占1.4%；

第2年：IMI的政府投入占7年内政府总投入的20%。其中，设备投入约占12.5%，基础项目资助约占6%，启动资金约占1.5%；

第3年：IMI的政府投入占7年内政府总投入的20%。其中，设备投入约占10%，基础项目资助约占9%，启动资金约占1%；

第4年：IMI的政府投入占7年内政府总投入的15%。其中，竞争项目资助约占5%，设备投入约占4%，基础项目资助约占6%。美国国家制造业创新网络的竞争项目资助从第4年开始，每年选择2—3家创新研究所，给予200万—300万美元的奖励；

第5年：IMI的政府投入占7年内政府总投入的11%。其中，竞争项目资助约占7%，基础项目资助约占4%；

第 6 年：IMI 的政府投入占 7 年内政府总投入的 11%。其中，竞争项目资助约占 7%，基础项目资助约占 4%；

第 7 年：IMI 的政府投入占 7 年内政府总投入的 8%。其中，竞争项目资助约占 7%，基础项目资助约占 1%。

美国联邦政府对 IMI 的资助应满足每个 IMI 的发展需求。通常在 5—7 年内，创建一个 IMI 需要 7000 万—1.2 亿美元的资金支持。IMI 成立后，美国联邦政府将根据 IMI 的年度报告以及各种指标的完成情况决定是否对其延续资助。这些指标主要包括开展合作投资的情况、成员数量及质量、设施利用率、创新成功案例、技术转化率等。

除此之外，IMI 也会得到非联邦政府的资助，主要是设备和建筑物等实物资助。随着 IMI 的正常运行，这些资助将逐渐转移到项目、会员费、使用费中。为保证 IMI 发展目标的实现，非联邦政府与联邦政府投资的比重通常远大于 1:1。

IMI 建立之初，最大的资金资助来自于美国联邦政府。IMI 建立 2—3 年后，美国联邦政府的投入资金不断减少，IMI 的大部分运行资金将由私人和其他机构提供。同时，IMI 会不断拓宽融资渠道，在 5—7 年后，IMI 将不再依赖国家制造业创新网络联邦基金的支持，其会通过收取会员费和服务费、举办活动收入、开展合作研究、获取知识产权使用费和捐款等方式保证自身发展需求。

此外，为鼓励 IMI 竞争发展，美国国家制造业创新网络会根据每个 IMI 的技术质量、研究实力等设立"竞争项目奖"，激励 IMI 创新发展。

2. 我国制造业创新中心
——国家动力电池创新中心

2016 年 6 月 30 日，我国首个制造业创新中心——国家动力电池创新中心正式成立。该创新中心以 2014 年创建的国联汽车动力电池研究院为核心，以中国汽车动力电池产业创新联盟为外延，通过构建新型的"公司＋联盟"的发展模式，开展研发设计、测试验证、中试孵化和行业服务能力提升等工作。北京市政府承诺投资 2.5 亿元入股国联研究院。

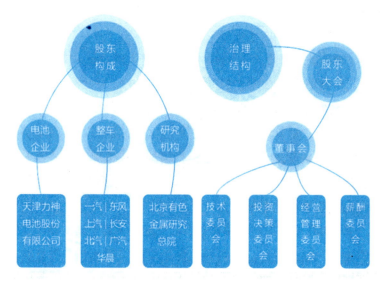

附图3-2　国家动力电池创新中心

三、新材料生产应用示范平台建设中需要注意的问题

（一）注意平台的定位与功能

新材料生产应用示范平台是由新材料生产企业、下游用户、设计单位、行业协会或联盟、研究机构和其他社会团体组成的，以满足下游用户需求为核心，以扩大新材料规模化应用和商业化应用为目的，通过整合、集成、优化研发、生产和应用资源，完善相关基础设施建设，提供应用技术研发与推广、应用评价、模拟测试、设备共用与租赁、材料应用系统解决方案等多方面服务的平台。与现有的创新平台、公共服务平台等不同，新材料生产应用示范平台以解决新材料研发生产和应用脱节为目的，以提供材料应用性能测试评价、建设应用示范线为重点，谨防在建设过程中重研发轻扩散、重生产轻应用，背离生产应用示范平台建设的初衷。

（二）注意平台的组建模式

平台组建模式通常有两种，一是可以国家组建，二是可以企业牵头组建。国家组建的平台如国家工程技术研究中心、国家工程研究中心、国家重点实验室等，国家财政资金给予支持，服务于某一技术领域研发或工程化需要。

企业牵头组建的平台，自负盈亏，机制相对灵活，更能贴合市场需求，在促进材料规模化应用和市场化应用方面积极性更高。两种模式各有优劣，在促进新材料上下游结合方面都有一定作用，应结合新材料生产应用示范平台的目的，慎重选择确立适合的组建模式。

（三）注意平台的运行经营机制

要确保新材料生产应用示范平台真正发挥作用，必须为平台设计良好的运行经营机制，如股权结构、组织架构、资金来源与使用、项目运作、知识产权分配等，保证平台的可持续运转。股权结构上，要避免"一股独大"，也要避免股东之间权责利不明晰，阻碍新材料下游应用推广。资金来源上，要避免单纯依靠国家支持，缺少自我造血机制，要建立多渠道的融资模式，实现平台资金来源多样化，可以自负盈亏。知识产权分配上，要避免创新成果分配不明、不均，打消平台参与主体推广应用的积极性。

（四）注意平台的绩效管理机制

为确保实现新材料生产应用示范平台功能和目的，需要建立一套科学合理的绩效管理体制。通过设计合理的评价指标体系和绩效评价制度，实现生产应用示范平台内部自律和社会监督的有机统一，保证国家财政资金、平台成员资金以及其他资投入的合理性。评价指标体系设计上，既要避免过粗，也要避免过细，对于创新能力不强、推广应用成果不积极的单位要及时淘汰，实行对平台成员单位的动态管理。

四、对策建议

（一）加强现有资源的统筹协调

充分整合已有新材料领域的各类联盟、平台等资源，依托这些载体，选择涉及国计民生、国家重大安全、重大工程急需的重点领域，改建或扩建成新材料生产应用示范平台。在国家新材料产业发展领导小组的指导下，加强对新材料生产应用示范平台的顶层设计，推动各部门形成工作合力，推动新材料生产应用示范平台的有序建设。

（二）采用市场化机制经营运作

新材料生产应用示范平台应该采取企业牵头、市场化运作模式，国家给予一定的引导支持。平台实行法人实体模式运行，独立运营，自负盈亏。平台设立股东大会，由股东大会批准成立董事会和监事会，由董事会负责生产应用平台顶层设计、战略布局、统筹协调、经费投入、投融资渠道、人事建设等重大事项的决策，保证生产应用平台的可持续运行。董事会下设专家咨询委员会，为董事会提供平台发展的决策依据。

（三）加大国家的财税支持

落实支持新材料发展的财税政策。通过新材料生产应用示范平台实现首次商业化应用的产品，列入《重点新材料首批次应用示范指导目录》的，可以申请首批次应用保险补偿，优先享有政策支持。平台成员单位合作的项目需要财政资金支持的，通过中央财政资金、贷款贴息、政府购买服务、项目补助等方式，对符合条件的重大项目给予连续支持。鼓励地方政府对获得国家资金支持的项目酌情予以地方资金配套。

（四）拓宽融资渠道

鼓励新材料生产应用示范平台积极探索新的融资模式，构建多元化的融资渠道。鼓励社会资本利用股权投资、项目投资等多种形式参与生产应用平台建设，鼓励引导创投资金、产业基金支持新材料生产应用示范平台成果的市场化转化和规模化应用。引导金融机构加大对新材料生产应用示范平台成员单位的信贷支持力度。

后 记

为全面客观反映 2017 年中国原材料工业发展状况并对 2018 年原材料工业发展状况预测，在工业和信息化部原材料工业司的指导下，赛迪智库原材料工业研究所编撰完成了《2017—2018 年中国原材料工业发展蓝皮书》。

本书由刘文强担任主编，肖劲松、王兴艳为副主编。王兴艳负责统稿，各章节撰写分工如下：曾昆负责第二、二十九章；王兴艳负责第一、四、八、九、十、二十八、二十九章；王本力负责第一、五、八、九、十、二十八、二十九章；马琳负责第一、六、八、九、十、二十一、二十二、二十八、二十九章；李丹负责第一、七、二十三、二十四、二十五、二十六、二十七、二十八、二十九章；冀志宏负责第一、三、十一、十二、十三、十四、十五章；李茜负责第十六、十七、十八、十九、二十章。

在本书的编撰过程中还得到了相关省份和行业协会领导、专家提供的资料素材，特别是得到了史慧恩、李明怡、高智等专家提出的宝贵修改意见和建议，在此表示衷心感谢。由于编者水平有限，本书难免有疏漏、错误之处，恳请读者批评指正。如借此能给相关行业管理机构、研究人员和专家学者带来些许借鉴，将不胜荣幸。